JN080890

樋口 裕一 著

まるまる使える
医療看護福祉系小論文 三訂版

MARUMARU

桐原書店

はしがき

　今では、医療看護福祉系の学部・学科では、小論文試験が入試の最重要科目になっているといっても言い過ぎではないだろう。一般入試の二次試験や学校推薦型選抜・総合型選抜の入試には、小論文試験が科目に含まれることが多い。中には、試験科目が小論文だけという学部・学科もある。小論文の出来・不出来によって合否が決まることも少なくない。

　医療看護福祉系の学部・学科志望者の多くが、将来、医療・福祉系の仕事に就く。そこではやさしさやコミュニケーション力が不可欠だ。また、論理性や教養も大事だ。そのために、人物評価として、そして論理性や教養を見るための試験として小論文が重視されている。

　ところが、これらの学部・学科をめざす受験生には、文章を書くのが苦手という人が多いそうだ。しかも、一言で医療看護福祉系の小論文といっても、様々なタイプの問題がある。多くの人が、何をどう書けばよいのかわからずに頭を抱えているだろう。

　本書はそのような受験生のために、医療系の学部学科で、どのような小論文が求められているのか、何を書けば評価されるのかを明確にし、様々なタイプの小論文問題の書き方を説明して、合格のために必要な知識を整理したものだ。文章を書くのが苦手な人でも、ここに説明する方法に基づいて考えれば、きっとしっかりした小論文・作文が書けるようになるだろう。そして、本書一冊をじっくり勉強すれば、ほとんどの医療系の小論文・作文試験に対応できるはずだ。

　本書が最初に世に出たのは、2003 年だった。著者として大変うれしいことに多くの読者の支持を得てロングセラーとなり、これまで小さな改訂を繰り返してきた。しかし、時代は変化した。そこで、今回、全面的に内容を改め、紙面を刷新した。よりわかりやすく、役立つ参考書にしたつもりだ。

　多くの受験生が、本書を用いて合格を勝ち取り、同時に、医療への関心と知識を深めてくれることを祈っている。

2021 年 7 月

　　　　　　　　　　　　　　　　　　　　　　　　　　　　著　者

　医療看護福祉系の学部学科には特有の問題があり、他の学部学科とは異なった評価をされることがある。それを知らずに勉強しても、時間の無駄になる。したがって、本書では、まず医療看護福祉系の小論文問題の特徴を明確にした。そして、それに合わせた書き方を指導した。その後に、頻出テーマによる実戦問題演習をおき、最後に頻出テーマを解説し、知識を増やすことを目的とした。

　以上のような狙いから、本書では全体を4つの章に分けている。

第1章　医療看護福祉系小論文の特徴と出題パターン

　まずは、なぜ医療看護福祉系の学校で小論文試験が多いのか、大学側は小論文で何を見ようとしているのかをはっきりさせた。とりわけ、医療看護福祉系で求められる力を明確にし、どんなパターンの出題があるか、それに対してどのように書けば高い評価が得られるかを説明した。この部分をしっかり読んで、医療看護福祉系小論文への対応を頭に入れてもらいたい。

第2章　合格できる小論文・作文の書き方

　ここでは、医療看護福祉系に出題されやすい典型的な問題を例題にして、小論文の基本的な書き方を説明した。メモの取り方、構成の仕方、清書の仕方、原稿用紙の使い方など、基本的なことを無視して書くと浅くて常識はずれな文章になるので、しっかりとこれらのことを身につけてほしい。また、時に医療看護福祉系では、作文や志望理由書が求められることがあるので、その書き方の説明も加えている。

第3章　頻出テーマ／パターン別実戦問題演習

　医療看護福祉系の頻出問題を取り上げながら、出題パターンに応じて、どのような考え方をして、どのように解けばよいのかを解説した。同時に、頻出テーマに関する知識の整理も行った。これらの問題をすべて丁寧に読むことによって、現在、医療看護福祉の世界でどのようなことが問題になっているか、小論文でどのようなことが問われるか、ほぼわかってもらえるはずだ。通読するだけでなく、できるだけ自分でも問題を解いてみて、小論文の書き方をより深く知ると同時に、知識をふやしてほしい。

第4章　頻出テーマのキーワード解説

　医療看護福祉系で出題されるキーワードをできるだけ詳しく説明した。これらの知識は、課題文を読むときにも、自分の意見を裏付けるときにも、役に立つはずだ。通読して知識の補充として役立ててほしい。また、第3章の問題を解きながら疑問に思ったとき、テレビニュースや新聞を見ていて、知識を整理したいときに、辞書代わりに利用してほしい。そうすることで、医療看護福祉に関する知識が自分のものになっていくはずだ。

　本書は一回仕上げれば、それで完成というものではない。繰り返し読んで、ここに書かれている内容のすべてを自分のものにしてほしい。そうしてくれることを前提に、本書は書かれている。

第3章　頻出テーマ／パターン別実戦問題演習

第4章　頻出テーマのキーワード解説

第1章

医療看護福祉系小論文の特徴と出題パターン‼

1 医療看護福祉系で求められる5つの力

❶ 医療看護福祉系に、なぜ小論文試験が多い？

　医療看護系や福祉系では、ほかの学部よりも小論文が入試科目に含まれることが多い。なぜか。それは、医療看護系や福祉系では、小論文試験で受験生に適性があるかどうかを見ようとするからだ。

　もちろん、ほかの学部でも適性を重視する。法学部は、法律をしっかりと考える人を合格させようとする。文学部は、本をたくさん読んで、文化や精神について考えるのを好む人を合格させようとする。

　だが、医療看護福祉系の場合、適性がもっと大事になる。文学部に本を読むのが大嫌いで、文学などまったく関心がないという人が入ってきたとしても、本人が困るだけで、実害はない。だが、医療看護福祉系ではそうはいかない。

　医療看護福祉系の大学・短大は、職業に直結している。卒業後、専門の職業につくことが多い。そして、ほとんどの人が人命や健康に直接かかわる仕事をするようになる。その際、もし、医療看護福祉に向かない人であったら、事故や事件に結びつくだろう。本人だけでなく、一般の人が苦しむだろう。

　したがって、そのような大事な仕事をする適性のある人をしっかりと見極め、そのような人を立派な専門家に育てるのが、医療看護福祉系の学校の使命なのだ。だから、**適性のある人を選別しようとする。そして、そうした適性を見るために最も適した小論文を入試科目に加えているわけだ。**

❷ 求められる適性

　では、大学・短大側は、小論文でどのような適性を見ようとしているのか。

　それは、ズバリと言えば、「やさしさ」「論理性」「コミュニケーション力」「知識」「教養」の5つだ。

①　やさしさ

　医療看護福祉系を志望する人は、やさしくなければいけない。医療看護福祉の仕事は、**病人や老人や弱者をいたわり、その人の身になって考え、何よりも生命を大事にすることが重要だ**。病人や弱者に対して、まるで物でも扱うように事務的、機械的な態度をとってはいけない。老人がわかりにくい言葉で、時には愚痴のようなことを言ったとしても、それに耳を傾け、やさしい言葉をかけ、親身になって心配し、誰とでも心を通わせることができるのが、医療看護福祉系の学部に向いた人だ。

　やさしさを持っていない人に、医療看護福祉系の仕事につく資格はない。無理にやさしさを装っていても、すぐにぼろが出る。そのような人は、たとえ仕事についたとしても、満たされない思いを持ち、ストレスがたまるばかりで、働く喜びが感じられないかもしれない。

　したがって、小論文でも、やさしさがあるかどうかを見るための問題を出すことが多い。まちがっても、「人間の命なんてどうでもよい」「年寄りは生きる資格はない」などといったことを書いてはいけない。

②　論理性

　今も書いたとおり、医療看護福祉系を志望する人には、やさしさが大事だが、もちろん、やさしいだけでもいけない。やさしさのあまり、患者さんが重態に陥ったとき、涙を流しておろおろするようでは、医療や

福祉の仕事は務まらない。

　この種の仕事をする人には、とりわけ客観性や論理性が必要だ。**今、何が必要かを冷静に判断し、感情にとらわれずに的確に仕事をこなせなければいけない。**かわいそうな患者さんだからといって、あるいは、いやな患者さんだからといって、態度を変えてはいけない。プライベートなことでいやなことがあったとしても、それを仕事に持ち込んではいけない。そして、科学的に判断し、てきぱきと仕事をしなければいけない。

　小論文で見ようとしているのも、この能力だ。文章の内容をゆがめずに正確に理解する力があり、自分の考えを論理的に展開する力があるか、受験生の書いた小論文を読めばわかるものだ。したがって、小論文を書くとき、とりわけ論理性に注意する必要がある。

③　コミュニケーション力

　医療看護福祉系の仕事ではコミュニケーション力が重視される。

　まず患者さんに対してのコミュニケーションが日常的に必要になる。的確に伝えるべきことを伝え、患者さんの気持ちも理解し、患者さんに安心して治療を受けてもらう必要がある。言葉や態度によるコミュニケーション力が求められる。

　また、医師や看護師やそのほかの医療従事者とのコミュニケーションも重要だ。それがうまくいかないと医療過誤に結びついてしまう。

　そのような事情で、年々、医療看護福祉系の大学入試でコミュニケーション力にかかわる出題が急増している。

④　志望分野への関心

　四つ目の要素、それは志望分野についての基本的知識だ。

　もし、医療看護福祉系を志望しているとすれば、当然、**医療で今、何が問題になっているか、医療の問題点とは何なのか、福祉の仕事の意味**

とは何かなどについて**知識を持っている**はずだ。医療看護福祉系を志望しながら、そうしたことについてまったく知らない受験生は、大学・短大側が、本気で勉強したいと思っていると判断しないだろう。

　もちろん、専門知識は必要ない。たとえば、薬学部を志望していたとしても、ある薬の効き目についての知識が求められることはない。だが、現在、薬の使いすぎや薬害、投薬ミスなどが問題になっていることは知っておく必要がある。**自分の志望している学部（＝職業）にどのような社会的な問題があるか**について、ふだんから関心を持っている必要がある。そのような人を、大学・短大は求めている。

　なお、本書の第４章に、医療看護福祉系で必要とされる知識をまとめている。ぜひ参照してほしい。

⑤　教養

　もう一つ、ほかの学部以上に、医療看護福祉系でしばしば求められるものがある。教養だ。

　もちろん、医療看護福祉系に限らず、どの学部でも教養はあったほうがよい。だが、医療看護福祉系では、あったほうがよいというより、ぜひとも必要なものだ。

　医療看護福祉系の仕事の場合、様々な階層の様々な考えを持った人と交流する。そして、その人々の生命や生活にかかわる仕事をする。そして、その人々の**信頼を得なければならない**。そのためには、幅広い教養が必要だ。芸術を好み、社会的な出来事にも関心を持っている人間であれば、**さまざまな価値観を認めることができ、幅広い思考ができる**。

　専門分野だけに偏って、自分の狭い価値観に閉じこもっていたのでは、さまざまな考えを認めることができない。友達付き合いもできず、社会的知識もなく、常識を持たない人間になってしまうおそれがある。それでは、医療看護福祉系の仕事をする資格はない。

　小論文問題でも、もっと幅広い知識・教養を求めるような、まるで文学部向けのような問題が出ることがあるが、それは、そのような事情による。

2 医療看護福祉系の6つの出題パターン

　医療看護福祉系で出題される小論文および作文の実際の入試問題には、基本的には6つのパターンがある。

　section1でも説明したとおり、医療看護福祉系は、受験生に対して求める能力や適性がほかの学部学科と異なる。小論文は、そうした能力や適性を見るために出題されるので、おのずと出題傾向にも、ほかの学部学科とは異なる傾向がある。

　大学の出題傾向は、だいたい一定のパターンがあるので、自分の志望校の出題傾向を探っておくといい。そして、そのパターンを中心にじっくりと対策を練っておく必要がある。

　だが、まれに出題傾向が変わる場合がある。そんな場合に備えて、すべてのパターンについて一通り知っておくことを勧める。

　医療看護福祉系の基本的なパターンというのは、以下の6つだ。

医療看護福祉系の6つの出題パターン

① 医療の問題

② 生命・環境・福祉の問題

③ コミュニケーション力を問う問題

④ 人文・社会の一般的問題

⑤ 知識を問う論述式問題

⑥ 私的作文・志望動機

① 医療の問題

　「インフォームド・コンセント」「バイオエシックス」「病院のあり方」「遺伝子研究」「遺伝子治療」「再生医療」「脳死」「リハビリ」「ターミナル・ケア」「医療ミス」「認知症患者を拘束することへの是非」「看護の力とは」など医療に関する内容が出題されるパターン。医療の倫理や医学の抱える問題が出題され、その判断が求められる。以前に比べて、この種の出題は減少傾向にあるが、まだ最も多いパターンだ。

対　策

　このパターンで出題者側は、まずは**医療に関する知識と関心を見よう**としている。だから、現在の医療の抱えている問題を知っていなければならない。知らずにいると、たとえば「インフォームド・コンセントについて論じなさい」と出題されても、言葉の意味がわからず途方に暮れる、ということになってしまう。また、たとえ用語がわかったとしても、知識不足のために、課題文を読み取れなかったり、どこに問題があるのかを理解できないこともある。

　そんなことのないように、**ともかく知識を仕入れておくことが大事**だ。そして、どのような態度が医療の現場で求められているのか、今、医学や医療・看護・福祉の分野で、どんなことが問題になっているのかを知っておく必要がある。本書の第4章にそのような知識をまとめているので、しっかりと読んでおくことが大事だ。

注意点

　このパターンの出題は、**やさしさを持っているかどうかを見ることも目的の一つにしている**。小論文としてよい出来であれば、どんな意見を書いても合格する、というわけではない。意見としておもしろくても、過激な意見を書いては、医療看護福祉系では合格は難しい。

たとえば、「高齢社会の医学」について意見が求められている場合、まちがっても、「高齢社会になって、高齢者が増えて困っているのだから、高齢者への医療を重視する必要はない」などといったことを書いてはいけない。

　また、「延命治療」「尊厳死」「遺伝子治療」「出生前治療」「代理母」などの判断の微妙な問題の場合、**一方的な意見ばかりを述べるべきではない**。たとえば、「遺伝子治療をどしどし行うべきだ」と言い張るばかりでは、視野の狭い人間であると疑われてもしかたがない。遺伝子治療にどのような問題点があるか、またどんな慎重論があるかなどについて知っておく必要がある。

　だからといって、小論文なのにイエスかノーかをはっきりさせない、**どっちつかずの結論に逃げるようでは、優柔不断とみなされる**。したがって、このパターンの出題では特に、公平さ、客観性をアピールした上で、しっかりと自分の立場を述べるように心がけるべきだ。

② 生命・環境・福祉の問題

　医療福祉の問題とは言えないが、それらと関係のある周辺的な問題が、最近ふえている。

　このパターンの出題で問われる内容は、たとえば、**科学の意味や問題点、地球環境の状況、あるいは生命の意味、高齢社会の問題点、ボランティアのあり方**などだ。課題文が英文である場合も多い。

対　策

　このパターンで出題者側は、まずは医療福祉に携わるにふさわしい**論理性と一般知識を持っているかどうか**を見ようとしている。だから、これも、①の医療の問題と同じように、ある程度の知識が必要だ。もちろん、専門的な知識である必要はない。ふだんから、この種の問題に関心

を持っておく必要がある。

注意点

　客観性と論理性を心がける必要がある。感情的で偏った意見では、医療看護福祉系に不適格と見なされる。

　また同時に、この種の問題でも、**やさしい人柄**を見ようとしている。したがって、生命を大事にし、人間のために献身し、地球環境を守り、弱者を優先的に考え、個々の人間の権利が守られる社会をつくりたいと思っている人間かどうかを見ようとしている。ここで、「生命を大事にする必要などない」「自然環境よりも経済的な豊かさが大事だ」「弱肉強食が人間として当然だ」などといったことを書くべきではない。あくまでも、**生命尊重、自然環境重視、弱者優先の立場で書くべきだ。**

③　コミュニケーション力を問う問題

　「メモを取ること」「微笑みの力」「コミュニケーションをとるときに気を付けること」「人間関係とコミュニケーション」「コミュニケーションをとる際気を付けること」などの課題が与えられ、それについて書くことが求められることが多い。また、人間関係のあり方について書かれた課題文を読んだ上で論じることが求められることも多い。

対　策

　このパターンの問題の場合、**コミュニケーション力を持っているかどうか**を見ようとしている。やさしい心を持って他者と心の交流ができること、またしっかりした意識をもって正確な伝達ができることをアピールする必要がある。前もって、人間関係がいかに大事か、心の交流がなぜ大事かを考えておいて、それを上手に課題と関連付けて書けるようにしておく。

　小論文はどうしてもきれいごとになって、当たり障りのないものになってしまうが、仕方がない。無理やりインパクトのあることを書こうなどとは考えないで、**人間関係がいかに大事かを理解していることをしっかりした文章で書くこと**を重視するほうがよい。

④　人文・社会の一般的問題

　文学部や法学部で出されてもおかしくないような、一般的な人文・社会の問題が出題されることがある。最近の若者の傾向、国際問題、民主主義の問題など、出題範囲は多岐にわたっている。医師の書いた文明論のようなものが出題されることも多い。

対　策

　このパターンの問題で出題者側がまず見ようとしているのは、**幅広い教養と社会に対する常識**だ。一般的な教養や常識のない、専門分野にしか興味がなく、そのためだけにただ勉強してきたような生徒は医療看護福祉系には不向きである。この種の小論文はそのような適性を見るために出題されているので、偏った思想や幼稚な考えを書かないように気をつける必要がある。

　ただし、この種の問題に対しては、それほど深い知識はいらない。的確に物事を判断する能力、社会的な知識があることを示せれば、それでよい。だが、問題をしっかり理解して論じるだけの幅広い知識は必要だ。

注意点

　文学部と同じような問題ではあるが、**あまり個性的な意見を書こうとする必要はない**。個性的に書こうとすると、つい暴論になってしまった

り、意味もなく時間がかかってしまったりする。それよりは、問題点を
しっかり理解し、多少常識的すぎても、的確に判断していることを示す
ほうがよい。

　また、大学側は幅広い教養と視野の広さを見ようとしているわけだか
ら、**無理に「医療」に結びつける必要もない。**一例として医療の現場を
示すのはよいが、医療に無理にこじつけると、むしろ視野が狭いと判断
されてしまうので、気をつける必要がある。

　また、**優等生の一方的な理屈にならないように気をつけること。**優等
生の立場から劣等生や弱者を断罪するのではなく、弱者の立場にも理解
を示す必要がある。この種の問題でも、「やさしさ」が求められている
ことは肝に銘じておくことだ。たとえば言葉についての意見を聞かれて、
「最近の言葉の乱れはなげかわしい」と決めつけたりしてはいけない。
異なる立場の見解や、言葉の変化の歴史などを理解した上で判断する必
要がある。

⑤　知識を問う論述式問題

　小論文として出題されているが、「本文、図を参考にして、雄のキメ
ラマウスと雌の白色マウスを交配すると、どのような毛色のマウスが生
まれるかを答え、その理由を述べなさい」（岐阜大・医）、「メタノール、
水、酢酸の混合液があります。それぞれの性質に着目して、3つの物質
をできるだけ高純度に取り出す方法を、自由な発想で述べなさい」（九
州大・薬）、などといった出題がされることがある。小論文とは名ばか
りで、実際には生物や物理、化学の問題にすぎないものも医療看護福祉
系の出題には多い。

　また、課題文に対して、自分の判断や考えを書かせない、**課題文の内
容理解や部分の説明を求めるだけ**の記述式の小設問が続く出題も、国立
大学の医学部の後期試験などでは多い。これは生物や物理、化学以外の

内容でも出されるが、これも広い意味で論述問題と言える。なお、この種の問題には**課題文が英語である場合も多い**。

対　策

　何よりも生物や物理、化学の基礎知識が必要だ。それもこま切れの知識ではなく、しっかりとした理解に基づいた知識でなくてはならない。それらの知識について詳しく書かれた参考書を繰り返し読んでおく必要がある。

　また、英語の文章がよく出題される大学が志望校の場合は、ある程度の専門用語は前もって調べておくほうがよい。特殊な用語は訳語が示されることがあるが、たとえそうであっても、前もって知っておくに越したことはない。

　また、この種の問題は**解答の書き方に慣れておく必要がある**。本書の第3章で学習して、過去問や類似問題をいくつか書いてみるといい。

注意点

　小論文はイエスかノーかを答えるのが基本だが、このパターン、すなわち論述式問題は**イエス・ノーにする必要はない**。はじめにズバリと結論もしくは答えを書いて、その説明をできるだけ順序立てて書くとよい。要するに、新聞記事と同じ書き方と思えばよい。

⑥　私的作文・志望動機

　受験科目がたとえ「小論文」となっていても、特に看護系などでは「私の性格」「十年後の私」などの**私的な事柄についての「作文」**を書かせる学校も多い。また、**志望理由**を書かせるところもある。いずれも、医療看護福祉系にふさわしい人柄と感受性を備えているかを見ようとしているわけだ。

対　策

　この種の問題を出すところを志望校にする受験生は、**前もっていくつかのパターンで作文を書いておくといいだろう**。特に、**志望理由**については、絶対に書いておく必要がある。なお、次の第2章でこの種の作文の対策について述べているので、それをモデルにして、自分の場合に当てはめて書いてみるとよい。そして、学校や塾や予備校の先生に見てもらって、完璧なものを前もって作っておく。

　この種の問題は、「作文」ではあるが、小論文の勉強をしておくことを勧める。作文であっても、のちに説明するように、医療のあり方、福祉の意味などについて触れる必要がある。そうしたことを知らずに書いてしまうと、小学生の作文のような幼稚な文章になってしまう。そうならないためには、少し小論文の勉強をして、知識を増やしておく必要がある。

注意点

　この種の問題では、**やさしい人柄**をアピールする必要がある。とはいえ、「私はこんなにやさしい」ということを直接的に書いても、嫌味になるだけだ。「やさしい」ということを正面から書くのではなく、「こんなことがあった」という具体的な事実の中に、やさしさなどの人柄がにじみ出るように書く必要がある。

　また、医療看護福祉系の場合、チームで仕事をすることが多い。そのため、**人付き合いの上手な人**がこの仕事には向いている。「我」の強い人はどうしても、人とうまく付き合えないことになってしまう。作文でも、人との付き合いが好きだということを示しておくほうがよい。

第2章

合格できる小論文・作文の書き方!!

① 小論文の基本と書き方のパターン

❶ イエス・ノーを答えれば小論文になる

　合格小論文を書くための、第一歩、それは、小論文と作文の違いをよく知ることだ。

　小論文と作文の根本的な違いは、一般には、作文というのは自分の主観的な感想や出来事を具体的に書くもの、小論文というのは客観的に社会問題などを論じるものと言われている。もちろん、それに違いはない。

　だが、もっとわかりやすい、作文と小論文の違いがある。

　それは**小論文というのは、ある事柄に対してイエスかノーかを答えるもの**だということだ。たとえば、「インフォームド・コンセントについてのあなたの考えを書きなさい」という題を与えられて、「インフォームド・コンセントとは、医師がきちんと説明をし、患者がそれに同意した上で治療を行うこと」と説明しても、インフォームド・コンセントが行われている例を紹介しても、作文にはなっても小論文にはならない。

　「インフォームド・コンセントを行うべきか」「インフォームド・コンセントを原則にするべきか」などのイエス・ノーを尋ねる問題提起を作って、それについての判断をしっかりと書いてこそ、小論文になる。つまり、逆に言うと、イエスかノーかの命題を作れば小論文らしくなるということでもある。

　なるほど、小論文の中には、イエスかノーかという形式をとっていないものも多い。小論文問題にも、イエス・ノーでは答えにくいものも交じっている。たとえば、「良い病院にするには何をするべきか」というような課題を出された場合には、イエス・ノーを問う問題にはしにくい。

しかし、論文の基本が、イエスかノーかだということには変わりがない。表面からは見えないとしても、論文であるかぎり、必ずイエス・ノーが基本となっている。はっきりとイエスかノーかで答えるのが基本と考えるべきだ。

　「良い病院にするには何をするべきか」というような課題の場合には、最初に、「私は良い病院にするには、……することが大事だと考える」とアイディアを示し、それが正しいかどうかを検証する形をとる。こうすれば、イエス・ノーの形にすることができる。

　しかも、**イエス・ノーの基本型で書くほうが絶対に書きやすい。**一定の型に沿って書けば、コンスタントに実力を発揮できる。焦点を定めて論を深めることもできる。これから教えるような方法で、イエスかノーかで答えるように設問を都合のよい形に改めるとよい。

❷ 小論文には「型」がある！

　しかしもちろん、イエス・ノーの問題提起をして、それについて書いただけでは、まだ小論文にはならない。そもそも、それだけだと、一行で終わってしまう。そのように判断した根拠を論理的に説明してこそ、すぐれた小論文になる。

　だが、「論理的に書け」と言われても、どう書いていいかわからない人が多いはずだ。しかし、これにもよい方法がある。**論理的な「型」に沿って構成すればいいのだ。**

　論理というのは、簡単に言えば、説得するための手順だ。手順どおりに書けば、おのずと論理的になる。そのために、以下の**2つの型**を身につけておくことを勧める。字数や設問に応じて、この2つの型を使い分けるようにすれば、様々な場合に応用できるはずだ。

● 2部構成の型（主として短い文章を書くときに用いる型）

　400字以下の短い字数で小論文を書くとき、また説明を求められたときなどにこの型を使って書くと、きれいにまとまる。段落わけをするかしないかは字数による。

　看護医療系の小論文の場合、ほかの学部よりも、少ない字数で書くように求められることが多い。また、命の尊さ、自然環境の大事さなど、反対意見を言いにくい問題が出ることも多い。そのような場合には、次に示す4部構成の型よりも、こちらの2部構成の型のほうが使いやすい。

　そのため、この型を用いることがほかの学部の小論文問題よりも多いだろう。この型を使えるようにしておくと便利だ。

第1部 　ずばりと結論を語る

　最初にズバリと結論を示す。「なぜ……なのか」が問われているときには、それを一言で答える。また、意見を求められている場合には、ズバリと意見を示す。

第2部 　説明

　第1部で書いた内容を詳しく説明する。意見を問われている場合には、その理由を示す。

問 「インフォームド・コンセントについて意見を述べなさい」（300字以内）

解答例　　医師が患者に対して、受ける治療内容の方法・効果・危険性などを説明し、そのうえで同意を得るというインフォームド・コンセントの医療原則をもっと広めていくべきだと私は考える。

医療の主体は患者である。自分がどのような病気であるかをしっかりと知り、どのような治療を選ぶかを決定しなければならない。医療従事者は、患者自身が判断するための情報を提供し、適切に助言する存在でしかない。そう考えることによって、患者は自分の病気に真正面から立ち向かっていけるのである。

● 4部構成の型（400字以上の小論文を書くときに使う型）

賛否両論あるような問題について、本格的な小論文を書くときにはこの型を用いる。

全体を四部に構成し、それぞれの部分を一つの段落で書くのが基本だが、制限字数が1000字を超える場合は、第2部や第3部を二つの段落に分けてもよい。字数が500字以内の場合は、第1部と第3部を段落分けしないで、全部を三つの段落で書いてもよい。

もちろん、絶対に「型」どおりに書かなくてはいけないわけではない。小論文に慣れたら、「型」を崩すのもいいだろう。むしろ、ぜひ「型」を崩してほしい。**だが初心者のうちは、少なくとも「型」をマスターする努力をすることが大事**だ。そうすることで、文章を書くのが苦手な人でも、すぐにそれなりの小論文が書けるようになる。それだけでなく、コンスタントに力を発揮できるようになる。「型」が身につかないと、常に論理的に書くのは難しい。

第1部　問題提起

課題の問題点を整理して、イエスかノーを問う。全体の字数の10〜20パーセントが好ましい。課題文がある問題の場合は、ここで、課題文から読み取れる、論ずべき問題点を示し、それが正しいかどうかを問題提起する。グラフなどの資料がある場合も、まずそれを読み取って、

それが指摘していることが好ましいかどうかなどを問題提起する。

第2部 意見提示

イエス・ノーのどちらの立場をとるかをはっきりさせるための部分。 同時に、ここで問題となっている事柄の状況を正しく把握する。全体の字数の**40パーセント前後**がふつう。

「確かに……。しかし」という言い回しにすると書きやすい。 たとえば、「インフォームド・コンセントの原則を守るべきか」という問いに対して「守るべきだ」という方向で書きたければ、**「確かに、** インフォームド・コンセントにも問題点はある。たとえば、……。**しかし、** インフォームド・コンセントの原則を守るべきだ」というように書く。

このように、一度、自分とは逆の立場の意見にも触れた上で、切り返して自分の論の立場を提示する。そうすることで、視野の広さをアピールする。これは、医療看護福祉系では特に重要な点だ。反対意見もしっかりと踏まえ、客観的に最善の方向を見いだそうという能力・資質に通じるからだ。また、ここで反対意見に触れることで、字数かせぎもできる。

だが、ここで**書きすぎるべきではない。** 次の展開部で書くことがなくなってしまわないように、この部分の「しかし」のあとは、自分の意見を端的に示す程度でよい。大事なことは次の段落に書く。

第3部 展開

ここが小論文の最も大事な部分だ。**第2部で書いたことをもっと掘り下げて、イエス・ノーの理由を述べる。** そして、ここで、「医療はどうあるべきか」「福祉はどうあるべきか」などといった理念とからめて論じる。この部分の字数配分は、ふつう全体の**30〜40パーセント**ほどを占める。字数配分は多くすべきだが、だからといって、あれこれ思いつ

いたことを羅列しては、論点がずれてしまう。そうならないように、ここでは決め手となるアイディアを一つに絞って、それを中心にして書くとよい。

第4部 結論

　もう一度全体を整理し、イエスかノーかをはっきり述べる部分。努力目標や余韻を持たせるような締めくくりの文は小論文ではいらない。イエスかノーか、自分の立場をいま一度簡潔にまとめる。

　では、ここで一つ、「型」どおりに書かれた文章を例としてあげよう。これは、「現在、薬や機械を使って末期患者の寿命を無理に延ばす、いわゆる延命治療が問題になっています。これについて800字以内であなたの意見を述べなさい」という課題に対して書かれた文章だ。

問 **「インフォームド・コンセントについて意見を述べなさい。」**
　　（800字以内）

解答例　　　医師が患者に対して、受ける治療内容の方法・効果・危険性などを説明し、その上で同意を得るというのが、インフォームド・コンセントである。この医療原則は日本でも広まっているが、まだ不十分だという声がある。では、もっと広めるべきだろうか。（**第1部・問題提起**）
　　確かに患者は医学に素人なので、医師に説明を聞いてもよく理解できない。形だけのインフォームド・コンセントになって、実際には、医師の言われるままになるほかにないという声も強い。そのために、インフォームド・コンセントが成り立たない状況もあるといわれる。しか

し、このインフォームド・コンセントの原則の定着は、必要である。（**第2部・意見提示**）

　医療の主体は患者である。自分がどのような病気であるかをしっかりと知り、どのような治療を選ぶかを決定しなければならない。医療従事者は、患者自身が判断するための情報を提供し、適切に助言する存在でしかない。そう考えることによって、患者は自分の病気に真正面から立ち向かって、副作用についての苦しみも他人のせいにしないで対処することができる。医師は独断的に治療を決めるのでなく、患者の考えを重視した上で、適切な治療ができるのである。（**第3部・展開**）

　以上述べたとおり、これからは、患者中心の医療のためにインフォームド・コンセントとの原則を広めるべきだと考える。（**第4部・結論**）

❸ 課題文のつかない問題への対応

　現在、入試の小論文問題のほとんどが、課題文を示し、それについての意見を求めるものだ。だが、医療看護福祉系の小論文の入試問題の場合、課題文がつかずに、「**○○について**」「**これからの○○のあり方**」「**○○と××**」などのように、**課題だけ与えられるもの**が、まだかなり多く出題される。この形式の小論文問題は、最も基本となるものなので、たとえ志望校が毎年、課題文のつく問題を出しているとしても、この基本タイプの練習をしておく必要がある。

　では、次の課題を例にとりながら、基本的なタイプの書き方を説明していこう。

例題

1

問 「高齢者の運転について」（600字以内）

メモをとる

　課題を与えられたからといって、すぐに書き出しても、ろくなことはない。じっくりメモをとることを勧める。メモをきちんととれば、下書きをする必要がなくなる。結局は時間の節約にもなる。

　以下の点をメモすると、論点がはっきりと見えてくる。

定義をメモする

　わかりきっていることが問われているときや、課題文が出題されているときには、テーマとなっている事柄やキーワードを、わざわざ定義する必要はない。だが、わかりにくい言葉が課題に含まれるときには、「〜とは何か」という定義を考えてみる。先ほど例に示した「インフォームド・コンセント」の小論文でも、はじめにこの用語の説明が加えられていた。

　「高齢者の運転」が課題のときには、特に定義を考える必要はないだろう。

現象「何が起こっているか」「何が問題になっているか」をメモする

　次に、課題となっている事柄について、今、どんなことが起こっているか、何が問題になっているか、どんなことが言われているか……などの「現象」を考える。そうして物事を整理してみる。

　たとえば、「高齢者の運転」という課題が出された場合、「高齢の運転

手がブレーキの踏み間違いなどのために交通事故を起こす事故が増えている」「認知症の高齢者がいつまでも運転をして、危険な状況が起こっている」「高齢者が運転免許証を返納することが増えている」といった「現象」を思いつくはずだ。もし、思いつかなかったら、知識不足なので、新聞や書籍などで知識を増やしておく必要がある。

問題提起をメモする

前にも説明したとおり、基本的に小論文はイエスかノーかを判断するものだ。つまり、設問が「○○について、意見を述べなさい」「○○はなぜか」「○○はどうあるべきか」などとなっていても、できるだけ、「○○は正しいか」「○○の原因は……か」「○○は……であるべきか」といったイエス・ノーを問う問題に、自分で変えてしまうのが小論文を書くときの最初のコツだ。したがって、課題が出されたら、**何らかのイエス・ノーで答える問題提起を考える必要がある。**

問題提起は、先ほどメモした「現象」を手がかりにすると、見つけやすい。今、何が起こっているか、何が問題になっているかを考えれば、何について問題提起すればよいかわかるはずだ。

たとえば、この例題の場合、「高齢者は運転免許を返納するべきか」「高齢者には、新たに試験を課して不合格者の免許を取り消しにするべきか」「高齢者に運転免許返納を呼びかけるべきか」などの問題提起を思いつくはずだ。

★問題提起の作り方

イエスかノーかを尋ねる問題提起を作る場合、いくつかコツがある。

① 賛否両論のあるもの

「高齢者の運転について」という題を与えられて、「現在、高齢者が運転をしているか」「最近、高齢者の運転が問題になっているか」という

問題提起を行っても、意味のある論にはならない。現在、高齢者が運転免許を持って交通事故を起こしていることが問題になっているのは常識であって、イエスに決まっているからだ。イエスに決まっていることについて書いても、みんなが知っていることを繰り返すだけになってしまう。**賛成と反対の両方の考えがある事柄を取り出して、それが正しいかどうかを論じてこそ、小論文になる。**

② 価値観を問うもの

　「高齢者の運転について意見を書きなさい」という課題に対して、「今、高齢者で運転している人が増えているのか」を問題提起するのも、あまり意味がない。本当にこれについて論じるつもりなら、アンケートをとったり、統計をとったりして、調査をする必要があるからだ。試験場でそんなことはもちろんできないので、小論文では、良いか悪いか、好ましいか好ましくないか、これから進めるべきかそうでないか、といった**価値観を問題提起する必要がある。**「高齢者の免許を返納させるべきか」「インフォームド・コンセントを徹底するべきか」「在宅介護をするべきか」「尊厳死を認めるべきか」などの問題提起なら、価値観を問う問題なので、論にすることができる。

③ 問題の本質を問うもの

　問題の本質から離れた問題提起をしてはならない。たとえば、「高齢者の運転」が問われて、「高齢者は高級車を運転するべきか」などについて書いても、自動車会社の入社試験でないかぎり、意味がない。「高齢者の運転」という題を与えられたからには、その問題点が問われている。高齢者の運転が問題になっている状況について論じられるような問題提起にする必要がある。最も良いのは、「ある年齢になったら全員にテストを課して、それに合格しなかった高齢者の免許を失効させるべき

だ」という主張がなされているので、その是非を問題提起することだ。

理由・背景をメモする

　問題提起が決まったら、**イエス・ノーそれぞれの根拠を考える**。イエスかノーかについての自分の立場がすでに決まっているとしても、その立場からだけ考えずに、**反対意見も十分に考えてみる**。そうすることで、小論文を説得力あるものにできる。反対意見に目配りしたことで、論に幅ができ、反対意見を上手に取り入れれば、視野の広い文章になる。

　この例題の場合、「ある年齢になったら全員にテストを課して、それに合格しなかった高齢者の免許を失効させるべきか」という問題提起に対して、この対策に賛成するのなら、「これからも高齢化が進むので、高齢者の運転による交通事故の危険性は高まる」「高齢者の運転は、判断能力の低下を自覚できないことが多いので、試験をして免許を停止するべきだ」「高齢者が運転することによって一般市民が傷つくことがあるのだから、危険な運転をするおそれのある人間にそれをやめさせるのが行政の義務だ」などの論があるだろう。

　高齢者に試験を課して免許を取り消すことに反対するなら、「交通の便が悪い地域では、車がないと買い物にも病院にも行けない。過疎化した地域では、送り迎えしてくれる家族もいない。免許を取り消されると、生活できなくなってしまう高齢者が多い」「運転免許はその人の権利なのだから、高齢者本人の同意なしに取り消すべきではない。本人の任意の返上を促すべきだ。車に自動ブレーキを取りつけるなど、別の方法で事故を減らす方向で考えるべきだ」などの論が可能だ。

対策をメモする

　場合によっては対策を考えなくてもよいこともある。だが、**場合によっては対策を考えると、論が具体的になって、説得力が出る**。

なぜ、そのようなことが起こっているかを考え、そうした原因をなくすような対策を考えることが望ましい。特に、自然環境が問題になっているとき、どうすれば自然を守れるかについて考えてこそ、説得力のある小論文にできる。

　この例題の場合、無理強いしなくても高齢者に免許を返上してもらう方法、高齢者が運転しても事故にならない方法などを考えるといいだろう。

　ただし、対策を考えると、ほとんどの場合、「福祉予算を増やす」「教育をしっかりする」「制度を整える」ということになってしまう。ワンパターンになってしまうことがあるので、注意する必要がある。また、あまり具体的に細かく書きすぎては、小論文というより、計画書や企画書のようになってしまうので、その点にも注意が必要だ。

大きな問題と結びつける

　考えを深めようと思ったら、**大きな問題と結びつけて考えることを勧める。**高齢者問題が問われた場合には、「これから高齢社会はどうあるべきか」「そもそも、医療はどうあるべきなのか」「福祉はどうあるべきか」という問題と結びつけるわけだ。

　高齢者問題に関しては、ふだんから「高齢者を社会から排除するのではなく、できるだけ長い間、高齢者も社会の中で活動できるようにするべきだ」「高齢者の意志をあくまでも重視してこそ、これからの高齢社会を乗り切れる」と考えていたら、それと結びつけて「高齢者から免許証を取り上げるのではなく、高齢者に呼びかけて、自ら免許証を返納するように促したり、車の安全装置を強化するなどして危険を減らすべきだ」というような論が成り立つだろう。

　このように、「○○はどうあるべきか」といったことを前もって考えておいて、それと結びつけることによって、深く考えることができる。

知識に結びつける

　これまで説明してきた項目についてメモを取れば、ほとんどの場合、書くことが見つかるはずだ。もし、メモする内容を思いつかないとすると、その人は、知識がないために、書くべき内容を持っていないということになる。したがって、前もってしっかりと知識を増やしておく必要がある。

　しかし、本番でうまくメモが取れなかったら、何かにこじつけるしかない。その場合、学校の授業で学んだこと、テレビの報道番組や新聞で知ったことと結びつけて考えてみる。

　たとえば、「高齢者は孤立して買い物などにも行けずに困っている」「地方では、人口が減少して、高齢者の一人暮らしなどが増えて、生活できなくなっている地域もある」といった高齢社会についての知識があれば、それと結びつけて、「高齢者から車で移動する機会を奪うと、生活が成り立たなくなるので、慎重であるべきだ」という論が見つかるだろう。

　このように、**これまでの知識を総動員して、こじつけてみる**。少し練習をすれば、そのようなことができるようになる。

何を中心に書くか決める

　アイディアをメモに取り終わってから、イエス・ノーのどちらの立場で書くか、何を中心に書くかを決める。

　その際、考える必要があるのは、**どの方向で書くのが、医療看護福祉系にふさわしいか**だ。

　どんなに鋭くても、それが医療看護福祉系にふさわしくなかったら、書くべきではない。第1章で説明したとおり、生命尊重、弱者尊重、自然尊重で、やさしさを示すような方向を選ぶ必要がある。

　また、「出生前治療」や「臓器移植」など、人間の生命の根本にかか

わるような微妙な問題のときには、一方的に主張するのでなく、反対意見もしっかり考慮し、**反対意見にも十分に言い分があることを認めた上で、自分の主張を示す必要がある。**

　そうしたことを踏まえた上で、書く内容を考える必要がある。

　今回の例題については、反対意見をしっかり踏まえた上であれば、イエス・ノーどちらの側で答えても、かまわない。

構成をメモする

　アイディアのメモを取り終えたら、どのように構成するかを考える。

　前にも説明した通り、400字を超す本格的な小論文の場合には、基本的には四部構成の型を用いると書きやすい。

　どの型で書くか決めたら、それぞれの段落に何を書くかを考える。アイディアの段階では、まだ断片的だった内容に、この構成の段階で論理的な筋道をつけ、一本の小論文として流れを整えるわけだ。この場合、**それぞれの段落に何を書くか、箇条書きにしておくとよい。**そうしておけば、途中から論がずれたりしない。

　このとき、第1部「問題提起」を決めたあとで、これまでメモを取った中で一番書きやすいアイディアを一つ選んで第3部「展開」に置くようにする。この部分が最も大事なところだからだ。そして、そのあと、その「展開」の部分に合わせて、反対意見を考慮して、第2部「意見提示」を「確かに……。しかし」という形にする。

　たとえば、「展開」の部分に、「高齢者にテストをして、不合格者の運転免許を取り消すべきだ。なぜなら、そのほうが安全だからだ」と言いたければ、第2部「意見提示」には、「確かに、運転できなくなると生活が成り立たなくなる高齢者が大勢いるので、その人たちが困らないような対応を行う必要がある。たとえば……」というように書くわけだ。とりわけ、このように書いて、弱者や高齢者、病人に対する配慮を示す

ことが、医療看護福祉系の場合には大事だ。

　また、使わないアイディアはきっぱりと捨てることが大事だ。せっかく考えたアイディアだからと、アイディアのすべてを使おうとすると、論理がめちゃくちゃになってしまう。また、いくつものことを並べるだけになってしまう。

　大事なアイディアを一つ選んで、それを詳しく説明してこそ、説得力が出る。

★構成をしたメモの例

　（1・2・3・4という数字は、それぞれ、第1部「問題提起」、第2部「意見提示」……を意味する。）

> **A　高齢者の運転に制限を行うべきだという立場**

1　一定の年齢になると、テストなどをして、不合格者の高齢者の運転免許を取り消すべきか。

2　確かに、運転できなくなると、生活が成り立たなくなる高齢者の事情を無視することはできない。タクシーを使いやすくするなどの工夫を行う必要がある。だが、私は高齢者の免許取り消しを行うべきだと考える。

3　高齢化がこれからも進み、高齢者による交通事故が増える可能性がある。特に認知症の人が運転すると危険が大きい。一般の人を事故に巻き込まないためにも、危険な運転をやめさせる必要がある。

　または

3　高齢者は自分の運転技術を客観的に見ることができない。免許の自主返納は一部の人に限られる。テストをして不合格者に運転をやめてもらうほかない。

　または

3　行政は一般市民を守る義務がある。高齢者が危険をもたらしてい

るのだから、それを取り締まらなければならない。そのためには、危険な運転をする恐れのある人の免許を取り消す必要がある。

4 したがって、私は高齢者の運転免許取り消しなどが必要である。

B 高齢者の運転に制限を行う必要はないという立場

1 Aと同じ。

2 確かに、これからも高齢者による危険な運転が増える恐れがある。自主返納を呼びかける必要がある。だが、無理やりに免許を取り消すべきではない。

3 特に地方に住む高齢者は、車を運転できないと買い物にも病院にも行けなくなって、生活が成り立たなくなる。運転免許取り消しは、高齢者の切り捨てにつながってしまう。

または

3 運転免許は、個人の権利であって、それを取り上げることはできない。自動ブレーキをすべての車両に取り付けたり、歩道にガードをつけるなど、ほかの方法で安全対策を徹底するべきだ。

4 したがって、私は高齢者の運転免許取り消しをするべきではないと考える。

清書する

　構成の作業まで済めば、あとは具体例などを肉づけして実際の答案を書くだけだ。

　小論文の場合、書き出しに凝る必要はない。ありきたりの書き出しで十分。問題点を理解していることを示すのが、小論文の第1段落の役割なのだ。とはいえ、書き出しができないために、時間がかかって書けなかったという人が多いので、基本的な書き出しのパターンを示しておこう。

◎書き出しの基本的なパターン

① 疑問文で始める

ズバリと問題提起を書く形だ。字数が少なすぎる欠点があるが、ほか
に思いつかないときには、これで十分。イエスで答えたいとき、「……
だろうか」という疑問文にすると、「反語」ととられて、ノーと言いた
いのだと誤解されるかもしれない。それが気になるときには、「……だ
ろうか。それについて検証してみたい」とすればいい。

例 「**高齢者の運転が問題になっているが、テストを行って不合格の
高齢者の運転免許を取り消すなどの措置を行うべきだろうか**」

② 客観的事実で始める

「最近の新聞によると……」「最近、よく……と言われる」といった新
聞やテレビの報道、人の話などの客観的な事実で始める方法だ。ありふ
れているが、もちろん、小論文はこれでよい。

例 「**最近、新聞などで高齢者の運転による事故が取り上げられるこ
とが多い。では、免許を持つ高齢者全員にテストを課して、不合格者の
免許を失効させるべきだろうか**」

③ 定義・分類で始める

「……とは、～である」「AとBの違いは……である」などの文で始め
る方法。最も論文らしい正統法の書き出しで、採点者にも好まれる。設
問に定義のはっきりしない言葉が含まれている場合には、この書き出し
が好ましいが、いつもこのパターンで書けるとは限らない。たとえば、
例題として示した、「高齢者の運転」の場合には、言葉の定義をする必
要はないので、この書き出しを使うことはできない。

例 「**在宅介護とは、寝たきりなどの病人を病院で介護するのでなく、**

自宅で介護することをいう。現在では、まだ在宅介護は少数派だという。では、在宅介護をこれから進めるべきだろうか」

④　個人的体験で始める

　自分の体験で始める方法だ。個性的な書き出しになるので、作文調の問題では好まれる。ただし、小論文は個人的な体験ではなく、主張を語る場なので、体験談は主張の例や導入にとどめるべきだ。長々とした人物説明や状況説明は不要だ。

　例　「**私の祖父はまだ運転を続けているが、家族は運転を不安に思っている。高齢者の事故の報道がなされるたびに、不安が増している。免許を持つ高齢者全員にテストを課して、不合格者の免許を失効させるという案があると聞いた。では、このような方法をとるべきだろうか」**

⑤　結論で始める

　ズバリと結論を言って、問題提起のかわりにする。イエス・ノーの問題提起にしにくいときなどに使うとよい。第2段落以降は、ふつうと同じように書いてよい。

　看護医療系の学部の小論文試験の場合、「命の尊さ」「医療ミスをなくすには」のような、反対意見を書きにくいテーマが与えられることが多いので、はじめに自分の意見を示す書き方を使ってもよいだろう。

　例　「**高齢者の運転する車の事故を減らすため、免許を持つ高齢者全員にテストを課して、不合格者の免許を失効させるべきだと考える」**

解答例　　高齢者の運転する車の事故の報道が相次いでいる。そのため、免許を持つ高齢者全員にテストを課して、不合格者の免許を失効させるという案が議論されている。このような措置が必要だろうか。

確かに、免許を失うと生活が成り立たなくなる高齢者も少なくない。過疎地に住む人を中心に、車を運転できないと病院への通院や買い物といった生活に不可欠なことができなくなる人も多い。したがって、そのような高齢者が不自由にならないように、できるだけの移動手段を公共交通システムによって作り出す必要がある。だが、そのような状況があるにせよ、危険性のある高齢者の運転は強制的にやめさせるべきである。

高齢者で最も危険なのは、自己判断能力が低くなっていることだ。自分の能力を過信し、自分が危険な運転をしていることに気づかない。事故を起こして、自分自身だけでなく他者までも巻き添えにしてしまう。それは個人の問題ではなく、社会全体の問題である。そのような危険な行為を個人の意思に任せることはできない。一般市民の安全が脅かされているのだから、行政は公共の安全のために一部の人の自由を制限する必要がある。

以上述べた通り、私は様々な手段を用いて高齢者の運転をやめさせる必要があると考える。

◎小論文特有の書き方

小論文と作文の書き方に大きな違いはない。72ページのsection3で説明しているような、原稿用紙の使い方や文字の書き方などでは小論文も作文も差はない。しかし、作文には許されるが、小論文には許されない書き方などがある。

以下、小論文特有の書き方について説明する。

① 必ず証明をする

　作文と小論文の最大の違い、それは、**小論文ではきちんと証明する必要があるということだ**。作文なら、「高齢者の運転は危ないと思う、良くない面があるように思う」ですませられる。主観的感想を書いてもよいからだ。だが、小論文ではそうはいかない。なぜ、良くないのか、どういう理由で良くないと判断するのかを、きちんと説明しなければならない。

　主張したいことを事実で裏付け、「今、こんなことが起こっている。だから、高齢者の運転を制限するべきだ」と証明するのが小論文だ。きちんと、事実によって証明しなければならない。

　「運転をしなければ生活の成り立たない高齢者が多い」と抽象的なことだけ書くのもよくない。抽象的なことを書いたら、具体的にはどういうことを意味するのかを説明しなければいけない。買い物にも病院にも行けなくなること、薬をもらいに行けなくなること、周囲の人との交流が途絶えてしまうことなどを説明する必要がある。

　何か具体性のないことを書いたら、必ず具体的な説明を加えるというのが、小論文の原則だ。

② 具体例を書きすぎない

　逆に、具体例を書きすぎるのも良くない。作文の場合には、具体的なことばかりを書いて、それをどう理解するかは読み手にまかせることができる。だが、小論文の場合、具体例ばかりを書くわけにはいかない。具体的なことを数行書いたら、それをまとめなければならない。

　具体的なことを書いたら、そのことで**何を言いたいのかをまとめる**ことを心がけてほしい。

③ 感情的なことは書かない

作文の場合は、「私は、このような様子を見て、悲しいと思った」などと書いてもかまわない。だが、小論文では、「すばらしい」「悲しい」「うれしい」といった感情的なことを書くべきではない。

小論文というのは、ある出来事やある考えが正しいかどうか、好ましいかどうかを主張するものであって、それが個人にとってうれしいことか、すばらしいことかを書くためのものではないことを忘れてはいけない。

④ 課題文のつく問題への対応

実際の小論文入試で最も多いのが、課題文が示され、それについての意見をまとめるタイプの問題だ。とはいえ、前にも説明したとおり、課題文があっても、書き方にほとんど違いはない。このタイプの問題もこれまで説明した基本タイプの延長線上にある。要するに、これまで学んだ書き方に、読み取りが加わったにすぎない。

しかし、考え方や書き方にいくつかの点で違いがあるので、例題を用いて説明しよう。

問 次の文章を読んで、後の設問に答えなさい。

子どもたちに無料や低額で食事を提供する「子ども食堂」が全国で2286カ所に上ることが運営団体の調査でわかった。

子ども食堂は始まってまだ5~6年しかたっていない。地域住民主

体の活動がこのような勢いで全国に広がっていることを心強く思う。

　まともな食事が学校の給食だけだという子どもの存在が話題になったのは、2009年に政府が初めて子どもの貧困率を公表したころだ。過去1年に家族の必要とする食料を買えなかった経験のある世帯が約15%との調査結果もある。

　14年に施行された子どもの貧困対策法が弾みとなり、地域住民やNPO法人、社会福祉法人、企業などが子ども食堂の運営に乗り出した。

　困窮家庭の子どもへの食事提供などの生活支援が、当初の子ども食堂の目的だ。ただ、子どもの貧困は表面上は見えにくく、真にニーズのある子だけを集めるのは難しい。

　このため、困窮家庭の子のみならず、一般の子どもや1人暮らしの高齢者の受け入れも増えてきた。最近は地域住民の「よりどころ」としての機能を担う子ども食堂も多い。

　誰もが気軽に運営に参加できるところがメリットだが、その反面、運営基盤の弱さも指摘される。資金や人手が足りないため、月1～2回しか開催できないところが多い。食中毒などの衛生面、事故や火災などへの安全管理も懸念されている。

　ただ、国や自治体に財政支援を頼ると、規制が強化されて運営主体が制限される恐れがある。即効性のある「成果」も求められがちだ。

（中略）

　かつては親に養育能力がない場合でも、親戚や近隣住民の中に補完的に子どもの世話をする人がいたものだ。しかし、家族や地域の人間関係が希薄化し、支え合い機能が縮小しているのが今日の状況だ。

　乾いた地域社会にとって、子ども食堂は小さなわき水に過ぎないかもしれない。しかし、地域から自発的に始まった取り組みが全国に広がっている。子どもたちを潤そうという活動を枯渇させてはならない。

（出典：毎日新聞　社説　2018年4月5日　東京朝刊）

> 設問 課題文を読んで「子ども食堂」についてあなたの考えを600字以内で述べなさい。
> （札幌保健医療大　保健医療学部　2019年　一部改変）

　課題文がある場合、まずしっかりと読み取る必要がある。

　その文章が何を言いたいのかわからないまま、文中に具体例として示されただけのことや、ちょっと触れられただけのことについて書いても、的外れと見なされる。よほど運が良くなければ、合格は難しい。課題文が何を言いたいのかを理解してこそ、的確な小論文が書けるものなのだ。

　したがって、まずはしっかり読み取ることが大事だ。

◎課題文の読み取り方

① キーワードを探して、その意味を正確にとらえる

　キーワードを取り出して、その意味を正確にとらえる努力をする。時には、キーワードに特殊な意味が含まれていることがあるので、しっかりとキーワードの意味をとらえる必要がある。

　この課題文のキーワードは、もちろん、「子ども食堂」。文章にある通り、「子ども食堂」とは、子どもたちに無料や低額で食事を提供する場所のことだ。地域住民主体の活動によって日本各地に増えている。

② 何に反対しているのかを考える

　文章を書くということは、何かを主張しているということだ。そして、何かを主張しているとは、何かに反対しているということだ。つまり、「……ではない。……なのだ」と、ほとんどの文章は語っている。何に

反対しているかを理解できなかったら、課題文を本当には理解できていないことになる。したがって、**その文章が何を言いたいかを理解したかったら、何に反対しているかを考えるといい。**

　この課題文がわかりにくいと感じた人も多いのではなかろうか。それは、まさにこの文章が何に反対しているかとらえがたいからだ。だが、意識的に、何に反対しているかを考えれば、思い当たるだろう。

　この文章は、**「家族や地域の人間関係が希薄化し、支えあい機能が縮小している今日の状況」に反対している**わけだ。

③　メインテーマを考える

　以上のことを考えた上で、課題文のメインテーマを明確にする。

　そうすれば、この課題文が「家族や地域の人間関係が希薄化し、支えあい機能が縮小している今日の状況で、子ども食堂の活動を枯渇させてはならない」と語っていることが明確になる。

④　問題提起を考える

　課題文が読み取れたら、次に問題提起を考える。ほとんどの場合、課題文の主張が正しいかどうか、課題文が説明している状況が好ましいかどうかを問題提起すればよい。

　ただし、時には課題に、「文章を読んだ上で、○○について論じなさい」というような条件が付されている場合がある。そんな場合には、その文章が、その○○についてどのような判断を下しているかを明確にし、それが正しいかどうか、好ましいかどうかを問題提起する。なお、第3章の課題の中に、いくつものパターンの課題があるので、それで練習してほしい。

　この課題の場合、文章が、「家族や地域の人間関係が希薄化し、支えあい機能が縮小している今日の状況で、子ども食堂の活動を枯渇させて

はならない」と語っているのだから、「**子ども食堂の活動を枯渇させて
はならないか**」を問題提起するのが正攻法だ。

⑤ 反対意見を考える

　問題提起を思いついたら、次に課題文の主張に対して、どんな反対意
見があるか、反対意見にどのような根拠があるかを考える。

　課題文に賛成すると、どうしても課題文をなぞるだけの迫力不足の文
章になってしまう。まずは、反対意見を考えて、その方向で書けないか
を考えてみる。

　その反対意見に説得力がなさそうだったら、第2部で「確かに、ノー
の考え方もある。しかし、私は課題文に賛成だ」とした上で、賛成の方
向で答えればよい。

　もし反対意見をまったく思いつかない場合には、もしかしたら、問題
提起が良くないかもしれない。先ほども説明した通り、賛否両論があっ
てこそ、論は成り立つからだ。そんな場合は、もう一度問題提起を考え
直してみる必要がある。

　この課題の場合、きわめて正当な意見を語っているので、反対意見を
考えるのは難しい。そんなときには、「実行するのは難しい」「困難があ
る」「ほかにもっと良い方法がある」という方向で考えてみる。

　「子ども食堂は利益が出ないために、継続が難しい。地域の人の苦労
に頼ってしまわざるをえない」「専門家が関わっているわけではないので、
食中毒などが起こったりするおそれがある」「地域住民の善意に頼って
いるのではなく、行政が福祉事業として、子どもが食べていけるように
するべきだ。食べ物に困る子どもがいるというのは行政の失敗だ」など
が考えられるだろう。

　課題文で筆者が主張していることを、そのまま繰り返すだけでは、要約にしかならない。課題文にイエスを言うときでも、課題文を繰り返すだけにならないように気をつける必要がある。

　そこで、最も書きやすいのは、課題文の主張が理念として正しいことを示す方法だ。つまり、「筆者の言うのは正しい。医療とは、……であるべきだからだ」「筆者の言うのは正しい。これからの社会は、……であるべきだからだ」という形で書くわけだ。この例題２の場合は、たとえば、「**これからの社会では、地域全体で子育てや介護などに協力する体制を作っていくべきだ**」というように書くことができる。

　そのほか、

(a)　「**筆者の言うのは正しい。筆者とは別の理由で、そのことが言える**」というように、課題文が語っているのとは別の根拠でイエスを言う。

(b)　課題文に少しだけ触れられていて、きちんと説明していない点を選んで、もっと詳しく説明する。

(c)　さっさと課題文に賛成して、それを実現するための対策を、「**筆者の言うのは正しい。それを実現するためには、……をするべきだ**」という形にして書く。

(d)　課題文に賛成する形で別の例や体験談を示す。課題文が語っているようなことを裏付けるような体験談などを書く。

　などの方法がある。

　書くことが決まったら、課題文がついていない場合と同じように構成して書く。その際、第１部「問題提起」で課題文のメインテーマを示す必要がある。とりわけ、課題文に特殊な用語があるときには、ここで説

明しておくのが原則だ。そうして、課題文をしっかり理解していることを示した上で、問題提起をする。

解答例を示すと以下の通りだ。

解答例 **その1　課題文に賛成する立場で書く**

　課題文は、「家族や地域の人間関係が希薄化し、支えあい機能が縮小している今日の状況で、子ども食堂の活動を枯渇させてはならない」と語っている。では、子ども食堂の活動を枯渇させるべきではないのか。

　確かに、子ども食堂は、地域の人々の善意を当てにしたものなので、住民の負担が大きい。このような善意に頼った運動は、一部の人の犠牲の上に成り立っていることが多い。そのため、いつまで持続できるかわからないという問題がある。だが、そんな問題点はあるにせよ、子ども食堂を続けるべきである。

　これからの社会では、かつてのような地域社会が必要である。高齢社会になっていくと、行政のみで住民を支えることが難しくなる。したがって、地域全体で子育てにかかわり、高齢者の面倒を見るべきなのである。子ども食堂は、そのような地域活動の第一歩として位置づけられる。子ども食堂によって地域全体で支えあうという考え方を定着させるべきだ。そして、子育てや介護は支えあって行うものだという意識を高めるべきである。各家庭で孤立しているのではなく、支えあう存在として社会を築いていくべきである。

　以上述べた通り、子ども食堂は地域の連帯を高めるた

第2章

1／小論文の基本と書き方のパターン

めの一つの活動として重要だと考える。これからも活発に行うべきである。

その2　課題文に反対する立場で書く

　この文章は、「家族や地域の人間関係が希薄化し、支えあい機能が縮小している今日の状況で、子ども食堂の活動を枯渇させてはならない」と語っている。では、子ども食堂の活動を枯渇させるべきではないのか。

　確かに、子ども食堂の意義は大きい。このような活動によって、子どもたちは命をつなぎ、人々の支えあいを実感できている。地域社会の連帯を高める役割も果たしているだろう。しかし、人々の善意と犠牲の上に立ったこのような活動を重視するべきではないと私は考える。

　貧しくて食事にも困るような子どもが大勢いるということは行政の責任にほかならない。そのようなことのないように、親が一定の収入を得て働くことができるようにし、福祉を充実させ、誰もが最低限の生活ができるようにする必要がある。一部の人の善意に頼らなくても食べていけるように、行政が責任をもって行うべきである。政治家の責任において税金を増やし、福祉のための支出を増やして、これからの時代を作り出していく子どもたちを支えるべきなのである。それをしないで、一部の人の善意に子どもの食事を任せても、それは一時しのぎにすぎない。

　以上述べた通り、私は子ども食堂を増やすことよりも、福祉国家として、困った人がいないような社会を目指すべきだと私は考える。

❺ グラフ・表の読み取り問題

　最近は減ってきたが、グラフや表の読み取りを求める問題が入試に出題されることがある。社会系の学部・学科ほど複雑な読み取りは求められないが、この種の問題にも慣れておく必要がある。

　この種の問題の練習としては、インターネットで公開されている役所による「消費者白書」や企業の「健康白書」などのグラフや表を読み取る練習をするとよい。

　「白書」などと名付けられている資料にはグラフや表がたくさん載っており、ほとんどの場合、そこから何がわかるかについても丁寧な説明がなされている。

　まず自分なりにグラフなどを読み取ってみて、あとで説明を読み、自分の読み取りが正しいかどうか「答え合わせ」をするといいだろう。

　問　下記のグラフ（図1〜図3）は，平成28年度国民生活基礎調査による「要介護者を同居で介護している主な介護者の続柄等」の結果である。

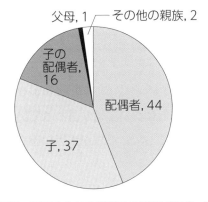

▌図1　同居の要介護者等との続柄別主な介護者の構成割合（%）

父母, 1 — その他の親族, 2

子の配偶者, 16

配偶者, 44

子, 37

▌図2　同居の主な介護者の性別構成割合（%）

男, 34.0　　　　女, 66.0

▌図3　同居の主な介護者の年齢階級別構成割合（%）

■40歳未満　□40～49歳　□50～59歳　■60～69歳　■70～79歳　□80歳以上

男　1.7　6.9　21.3　28.5　16.9　24.7

女　1.8　7.0　21.1　33.1　25.1　11.7

（愛知医科大　看護学部　2019年）

[問題1] グラフからどのようなことが読み取れますか。200字以内で述べなさい。

[問題2] 読み取った結果をもとに，同居での介護継続に関する課題と対応についてあなたの考えを600字以内で述べなさい。

◎資料の読み取り方

① 一般に言われていることを確かめる

資料は何かを語っている。だから、何かを読み取ろうとして、資料を見なければいけない。そのためには、漠然と資料を見るのでなく、**テレビや新聞などで、そのことについて何が言われているか、何が問題になっているかを思い出す**。そして、それが本当に確かめられるかどうかを考えながら読み取ってみる。

今回の課題の場合、「**介護**」についてどんなことが言われているかを思い出しながら、それぞれのグラフを見てみる。

② まずは巨視的に資料を読み取る

グラフなどの資料を読み取るとき、まずは細かいところは無視して、**際立ったところに目をつける**。細かいところにこだわっていたら、大きな傾向がつかめないことになってしまう。

図1は、「同居の要介護者などとの続柄別主な介護者の構成割合」を表している。つまり、**家庭の中でどんな関係の人が介護にあたっているかを表している**わけだ。この図から、「配偶者」が半分近くで、そのほかに「子」と「この配偶者」がほとんどだということがわかる。

図2からは、介護しているのは**3分の2ほどが女性である**ことがわかる。図3からは、介護しているのは、男女とも、50歳以上がほとんどで、60代以上も多く、80代以上の人もかなりいることがわかる。

③ 項目の共通点を探る

グラフや表の項目に共通点があったら、それを探ってみる。たとえば、グラフに示される国のうちの数カ国で同じような現象が起こっているとする。その場合、それらの起こっている国にどんな共通点があるのかを

考えてみるわけだ。もしかすると、それらの国はどれもキリスト教国かもしれない。あるいは、農業の盛んな国かもしれない。そのようなことを考えると、状況が見えてくる。

　この課題の場合、介護しているのは、配偶者や子どもがほとんどであり（図1）、女性のほうが多く介護し（図2）、介護する人は中高年層が大半を占めている（図3）ということがわかる。つまり、この3つの図から、「**介護は、女性、そして中高年～高齢の人に負担が大きい**」ということがわかる。

④　背景を探る

　資料を読み取ったら、次にその背景を考えてみる。どのような社会的な出来事があるために、そのような傾向が資料にあらわれているのかを考えてみるわけだ。

　今回の課題で言えば、こういうことだ。

　まず、**男性よりも女性のほうが一般的に寿命が長い**。しかも、夫婦の場合、男性のほうが年上のことが多いので、男性が先に介護の必要な状況になる。すると、多くの場合、夫の介護を妻が行うことになる。

　そして、妻も介護の必要な状態になった場合には、子どもが介護を行うが、**日本では、まだ「男性が外で働き、女性は家で男性を支える」という意識が強い**。そのために、娘が介護にあたることになる。娘がいなくて息子だけしかいなかったら、息子の妻が介護にあたることが多くなる。

　しかも、現在、寿命が延びて、介護される人は90歳を超えることも珍しくなくなった。ところが、そうなると、介護する人も、配偶者の場合も80歳代、子どもであっても、時に70歳代になってしまう。つまり、「老々介護」（老人が老人を介護するという状況）になってしまう。

⑤　資料も何かを主張している

　資料を読み取るとき、なんとなく読み取ってはいけない。資料も何かを主張している。少なくとも、何かを指摘している。資料が何を言いたいのかを読み取る必要がある。

　この例題の資料は、これらの図が「介護は、女性、そして中高年〜高齢の人に負担が大きい」という現状を明らかにし、このままでよいのかといった問題を問いかけているわけだ。

⑥　読み取りは順を追って

　資料の読み取りが求められているときには、4部構成にする必要はない。

　図1から始めて、一つずつ資料の意味の読み取りを書いていく。そして、最後に全体から読み取れることをまとめる。

⑦　意見を求められたら、第1段落で読み取って、論じる

　資料についての意見が求められる場合は、第1段落で資料を読み取って、その上で、その状況の是非を問題提起するのが正攻法だ。

　この例題の場合、問1で読み取りを書けばよい。問2では、「同居での介護継続に関する課題と対応についてあなたの考えを」書くことが求められている。この資料は現状を説明し、その状況でよいのかという問題を訴えているのだから、それを問題提起すればよい。

　なお、家族の介護の大変さを緩和するには、①デイサービスなどの、半日や一日の介護サービスを利用する、②訪問介護・看護を利用する、③老人ホームなどの施設に介護を委託する、などの方法がある。いずれにしても、外部の力を借りることになるので、ある程度の料金がかかるし、このようなサービスを多くの人が受けられるようにするには行政の支出が必要だ。以上のことを踏まえて書くと説得力が生まれる。

なお、もう一つの方法として、2部構成の型を用いて、第1段落に問題点を書き、第2段落に対応策を書くという方法もある。この書き方では本格的な小論文にならず、単に一般的な対応を書いただけになるが、それなりの評価は受けるだろう。

解答例　問題1

　グラフは要介護者を同居で介護している人についての調査である。図1からは、介護しているのは、要介護者の配偶者や子、子の配偶者が大半であること、図2からは、男性よりも女性のほうが多いことがわかる。図3からは、男女とも、50歳以上がほとんどで、80代以上の人もかなりいるという、介護する人の高齢化がわかる。全体から、介護の負担は女性と中高年〜高齢者に重くのしかかっていることが確認できる。

問題2

（その1　4部構成による）

　グラフには、家庭内に介護の必要な人がいる場合、女性と中高年〜高齢者に介護の負担が重くのしかかっていることが示されている。このような状況を放置してよいのだろうか。

　確かに、要介護者の中には家族と一緒にいたいと望む人も多いだろう。また、外部に介護を委託する経済的な余裕のない人も多いだろう。したがって、介護の必要な人全員に対して無制限に外部での委託を行うことは難しい。しかし、女性と高齢者の介護の負担を減らすために社会的な介入が必要だと私は考える。

　現在、多くの場合、女性が介護にあたり、高齢者が高

齢者を介護するという状況が続いている。そのため、多くの介護者が自分の生活ができなくなり、時に体力的に介護ができなくなることもある。介護疲れによる自殺や他殺などの報道もなされることがある。そこで、最も現実的なのは、週に1日でも2日でも、介護に明け暮れる介護者の負担を減らすために、行政が補助を出して、デイサービスなどの外部での介護サービスを受けられるようにすることだ。介護している人にも休みを与えることによって、ストレスを減らすことができる。要介護者は専門家の介護が受けられるのである。

　このように、一時的に外部での介護サービスを受けられるようにすることが、現在の状況を緩和する一つの方法だと考える。

（その2　2部構成による）

　グラフには、家庭内に介護の必要な人がいる場合、女性と中高年〜高齢者に介護の負担が重くのしかかっていることが示されている。これを解決するには以下の方法が考えられる。

　第一にデイサービスなどの、半日や一日の介護サービスを利用する方法である。これには経費もそれほどかからず、その間、介護されている人は専門的な訓練を受けた人によって適切な介護を受けることができる。介護をしている人はしばらくの休息を得て、自分の時間を持つことができるのである。第二に、訪問介護・看護を利用するという方法がある。専門家に訪問してもらうことによって安心した介護を受けることができ、デイサービス

などと同じように、その間、ふだん介護にあたる人はし
ばし解放されることになる。もっと根本的なのは、老人
ホームなどの施設に介護を委託する方法である。低額で
介護を行う公的な施設は入居待ちの状態だが、この方法
によって、介護する人は重い負担から逃れることができ
る。介護を自宅で家族によって受けたいと願う人もいる
だろうが、介護を受ける人も同年齢の人と過ごせ、設備
も整っているので、最も合理的と考えられる。以上のよ
うな方法を、それぞれの事情に応じて、それほどの高額
の費用を支払わないで受けられるように福祉の充実が必
要である。

❻ 要約問題

　課題文の要約が求められることがある。要約は、課題文をしっかり理
解できていれば恐れる必要はない。逆に言えば、もし読み取れていなか
ったら、要約できるはずがない。したがって、まずは、すでに説明した
方法でしっかりと課題文を読み取ることを心がける。
　読み取れたら、次のような三大原則を用いて要約する。

要約の三大原則
① **課題文の筆者になりかわって書く。**だから、「筆者は……と書い
　ている」などと、いちいち書く必要はない。
② **課題文を読んでいない人にもわかるように書く。**つまり、要約だ
　けで意味が通じるようにしなくてはいけない。
③ **読み取れたことを示すつもりで書く。**要約問題というのは、課題
　文を理解できたかどうかを見るための問題だということを忘れては

　　いけない。

　そして、実際に要約するとき、次の三原則を守ってほしい。

要約の実践三原則

　①　**課題文のキーワードはそのまま使う**。そうしないと、キーワード
　　を理解していることを採点者に示すことができない。

　②　**わかりにくいキーワードには説明を加える**。そうしないと、課題
　　文を理解したことを採点者にアピールできない。

　③　**キーワード以外の難しい表現などは、もっとわかりやすい自分の
　　言葉に直す**。したがって、課題文から文を抜き取って並べただけで
　　はいけない。そうすることで、課題文をきちんと消化できているこ
　　とを示す。

要約の構成法

　ほとんどの文章は、最初に結論を示して、そのあとで結論を説明する
か、あるいは、逆に説明した後に最後にまとめるかの二つのパターンに
分かれる。

　したがって、要約するときも、それに即して、最初に結論を示して、
そのあとに説明する型（これは前から説明している2部構成の型にあた
る）と、逆に、先に説明して、後に結論を加える型を使うと、うまくま
とまるはずだ。

　例題2の課題文（44ページ）を150字程度に要約すると、こうなる。
なお、この文章そのものが初めに説明をした後に、最後に主張を示す形
になっているので、要約についても、それに即して書けばよい。

要 約 例　　　子どもたちに無料や定額で食事を提供する「子ども食

堂」が全国2286カ所にある。地域住民主体で、貧困家庭の子どもたちの食事を提供している。かつては地域に子どもの世話をする人がいたが、現在では家庭や地域の人間関係が希薄化して、支えあいの機能が縮小している。子ども食堂の試みを枯渇させてはならない。

❼論述問題

　意見が求められているわけではなく、課題文の説明が求められたり、知識が問われたりする問題がある。特に、設問がいくつかある場合、問1・問2にこのような問題が出されることが多い。

　そのような場合は、「小論文」とは言えない。したがって、これまで説明した小論文の「型」を使うことはできない。別の形の書き方をする必要がある。

　[問] 脳死とは何かについて、200字以内で説明しなさい。

①　はじめにズバリと結論を言って、そのあとに説明する

　小論文の基本はイエスかノーかだが、小論文とは言いがたいものに関しては、イエスかノーかにこだわる必要はない。この種の問題の場合、はじめにズバリと問われていることに答え、字数の許すかぎり、その内容を具体的に説明する形をとると書きやすいことが多い。

②　この種の問題では羅列でかまわない

　小論文ではふつう羅列は好ましくなく、できるだけ焦点を絞って書く

べきなのだが、論述問題では、羅列になってもかまわない。しかし、だらだらと羅列するのではなく、「第一に、……。第二に、……」というように体系的に書くべきだ。

解答例 　身体は生きているけれども脳はすでに死んでいる状態を脳死という。脳死と判定された患者から生命維持装置をはずせば、数分から数時間内に心臓死が起こる。決して回復することはないことが確認されている。脳死の間に心臓などの臓器を取り出すと、移植手術に成功する率が高いため、脳死が人の死と認められている。だが、体が温かい状態なので、これを死と認めるべきでないと考える人も多い。

2 私的作文・志望理由書の書き方

　第1章でも述べたとおり、医療看護福祉系では人柄を重視するため、小論文と並んで、私的作文や志望理由書の比重も大きい。それらの対策も必須だ。たとえ、志望校が、これまで小論文ばかりを出題していたとしても、このタイプの問題に注意が必要だ。とりわけ志望理由書の書き方は知っておいたほうがよい。

❶私的作文の書き方

　小論文の「型」を私的作文にそのまま使うことはできない。私的作文を小論文風に書いてしまうと、人柄や感受性が伝わらなくなってしまう。とはいえ、形式的に整った、まとまりのある私的作文を書くためには、小論文の「型」を応用した、以下のような「型」を用いることを勧める。

第1部 きっかけ・予告

　これから書こうとする内容についての予告の役割を果たす。「私の夢」なら、どんな夢なのかをズバリと示す。「私が今関心を持っていること」という課題で書く場合、何に関心を持っているのか、どのような事情で関心を持ったかを書く。全体の**20パーセント程度**を目安に書いてほしい。

第2部 ストーリー・出来事・体験

　第1部で予告した内容を具体的に書く。ただし、ここではまだ深い印象などはつけ加えずに、何があったのか、出来事、体験したことの記述にとどめる。分量は、全体の**3分の1**くらいが適当だ。「私の夢」なら、その夢の内容を詳しく書く。「私が今関心を持っていること」という課題で書くのなら、関心を持ったきっかけや、関心の内容を具体的に書く。

第3部 そこから得たもの・感じたもの

　第2部で書いたことについて感じたこと、学んだことを、少し小論文的に、深く述べる最大の見せ場だ。全体の**3分の1**くらいが適当だ。「私の夢」なら、その夢によって、どんなことを実現したいか、その夢にどのような意味があるのかを書く。「私が今関心を持っていること」なら、なぜ関心を持っているのか、そのどんなところにひかれるか、これから何をしたいかを書く。

第4部 まとめ

　全体のまとめを行う。私的作文の場合は、小論文とは違って、「これからは……について考えていきたい」といった、努力目標や希望を述べる終わり方にしてもよい。

例題 1

問 「私の夢」（600字以内）

　私の夢は、良い看護師になることである。

　小学生のころ、入院していたことがある。中には、感心しない看護師さんもいた。だが、その中にいたＹさんは違っていた。明るくて、仕事に熱心で、患者にやさしかった。暗くなっている患者がいると慰めていた。患者をいつも気遣い、少しでも患者が苦しまないように工夫してくれた。病気のことはもちろん、学校のこと、人生のことまでも、私の相談に乗ってくれた。私は、Ｙさんを見ているうち、看護師という職業の大事さを知って、いつか看護師になりたいと夢見るようになっていた。

　これから、高齢社会になる。そんな社会では、特に高齢者にやさしく接し、高齢者の心を考えながら行動できる人物が必要になる。専門知識を持ち、適切な医療行為を行うだけでなく、患者の心の中にまで入って苦しみをやわらげる存在が必要である。その役目を担うのが看護師である。看護師は医師と患者の交流を仲介することによって、医師に言えない患者の気持ちを聞き出して医師に伝え、また逆に、医師の指示をわかりやすく患者に伝える。看護師がいてこそ、医療行為は人間同士の血が通うものになるのである。

　私は、看護師として病院に勤め、子どもたちにも高齢者にも信頼される看護師になりたい。そして、日本の医療の一角を支える看護師になりたい。それが、私の夢である。

例題 **2**

問 「私が今関心を持っていること」（600字以内）

解答例

　私は今、東南アジアに関心を持っている。

　父がバンコクで仕事をしているため、高校二年の夏休みに家族でタイとシンガポールを旅行した。タイはバンコクだけは大都会で、日本と同じくらい豊かに見えた。が、都会から一歩、郊外に出るとそこには貧しい世界が広がっていた。裸同然の子どもやボロボロの服を着た大人が、粗末な家で暮らしているのが見えた。それでも、バングラデシュやミャンマーなどに比べると、ずっと豊かで、飢え死にすることはないのだということだった。それからというもの、私は東南アジアのことを調べている。

　私が疑問に思ったのは、なぜ豊かな国と貧しい国があるのかということだった。こんなに貧しい国があるのに、日本では食べ物が余って、捨てられている。無駄なものをみんなが買っている。先進国の人が助けてあげれば、みんなが豊かになれると思うのに、父は、世界経済はそんなに簡単ではないと言う。私には、世界経済の仕組みがどうなっているのか、どうすれば苦しんでいる人を助けられるのかわからない。わからないことだらけだ。だから、少しずつ本を読んで、疑問を解こうとしている。

　私の持った疑問が解けるまで、時間がかかるかもしれ

ない。だが、少しずつでも勉強して、大好きな東南アジアに関心を持ち続けたいと考えている。

◎私的作文を書くときの注意点

① 焦点を絞って具体的に書く

　作文の場合も、あれこれ書くのでなく、焦点を絞ることが大事だ。**一つのポイントに絞って、できるだけ詳しく説明する**必要がある。作文の場合、詳しく書くということは、具体的に書くということだ。実際に目の前に、その人がいるかのように、そのことが本当に起こっているかのように書く。そうすることで、説得力が生まれる。どうしても、制限字数に達しない人は、詳しく書く癖をつけておくとよい。

② 医療看護福祉系にふさわしいことをアピールする

　入試に作文を課すのは人柄を見るためだ。したがって、やさしくて、誠実で、人との付き合いがきちんとできて、論理的であって、医療看護福祉系にふさわしいということをしっかりとアピールする必要がある。したがって、題材を選ぶときにも、そうしたことを意識するほうがよい。たとえば、「私の高校生活」という題が出されて、スポーツ大会で優勝した話をしても、医療看護福祉系にふさわしい面をアピールしづらい。ボランティアを経験したこと、自然破壊を見たこと、他人の死に間近に接したことなどを選んで書く必要がある。

③ 前もって３つのテーマを用意しておく

　私的作文が出題される入試の対策としては、次の３つのテーマを用意しておくとよい。

A 「私の現在」に関するテーマ

「今、関心を持っていること」のほか、「愛読書」「私の性格」「尊敬する人」などを考えておく。もし、それ以外の問題が出ても、準備していたことを利用すれば書けることが多い。

B 「私の過去」に関するテーマ

「私の高校時代」「これまで印象に残ったこと」などを準備しておく。

C 「私の将来」に関するテーマ

「私の夢」のほか、「十年後の私」「社会に出てしたいこと」などを考えておく。これらは、もちろん、自分の志望とからめて書くのが原則だ。

❷ 志望理由書の書き方

志望理由書、あるいは志望動機書などとも呼ばれる。この種の書類を、試験前に提出することが必要な人もいるだろう。試験場で、小論文試験として、志望理由が問われることもあるだろう。いずれにせよ、志望理由書にも書き方がある。志望理由書は、具体的に何をしたいのかを書くものだ。それを通じて「人柄」や「意欲」、それに「適性」をアピールするものだ。そのための「型」を以下に示す。

第1部　志望理由をズバリ書く

「**私は、○○をしたい。そのために、△△大学を志望する**」とストレートに書く。目標としている職業・資格があれば、それをはっきりと書いてよい。

第2部　志望するようになったきっかけを書く

ここで熱意を示す。「**生物の勉強をしているうちに、生命や人間の身**

体に関心を持つようになった」「ボランティアで地域のお年寄りの交流会を手伝っているうちに、**福祉についてもっと学ぶ必要を感じた**」など、自分の過去の体験に基づいて書くのが、最も書きやすい。

　具体的にしたいこと、具体的に大学で学びたいことをここで書く。「**医師として、先端技術の開発をしたい**」「**過疎地の医療に役立ちたい**」「**社会福祉の理論や実践について深く学んで、将来に活かしたい**」「**心理カウンセラーとして働くために、心理学を臨床の立場から学びたい**」などの説明がいいだろう。

　ここでは、目的意識がしっかりしていること、専門分野への関心や知識吸収の意欲がきちんとあることを示すのがポイントだ。ただし、中には、「学びたい」という熱意は人一倍だが、何を学べばいいのかイメージしきれない人もいるだろう。そんな人は、**これから学ぶことが社会にとっていかに大事**かを書くといいだろう。看護学を学んで、高齢社会に貢献することがいかに大事かなどを説明するのでもよい。

　学びたいことを欲ばっていくつも書くよりも、一つにまとめて書くほうが説得力が出る。また、知識をアピールしようとして、専門的なことを書きすぎない。生半可な専門知識は「なまいき」と思われる。具体的に関心があること、これから学びたいことをあげる程度にとどめよう。謙虚さも忘れずに。

　志望校が自分の志望に合っていること、学ぶのに最適の場であって講座や設備が整っていることを説明する。ここでの注意点は、**志望校におべっかを使いすぎない**こと。

こうした「型」で書いていけば、まとまりのある志望理由書ができあがる。実際に書く前には、自分の志望校の求める人柄、能力、特にどんな人材がほしいのかを、学校のパンフレットやホームページなどで研究して、それに合わせて内容を考えるといいだろう。

解答例

　私は将来、患者さんを、医療的な面からだけでなく、精神的な面からも支えられる看護師になりたいと考えている。そのために〇〇大学保健医療学部看護学科に進学したい。

　私は中学生時代、半年以上入院した。入院中は多くの医療従事者の方々が近くにいて、すぐに話を聴いてもらえたり対応してもらえたりする環境にあった。ところが退院し、その環境がなくなると、不安から体調を崩してしまった。そのため、入院中よりも退院後のほうが辛かった。この経験から患者さんを取り巻く環境の重要性、またその環境が患者さんの心に及ぼす影響の大きさを実感した。入院中に看護師の方々を最も近い存在に感じ、大きな支えだったため、今度は私が看護師になって患者さんを支える立場になりたいと考えた。

　近年、チーム医療が重要視されている。チーム医療下の看護師にとってコミュニケーション能力は不可欠である。看護師は他の職種の人や患者さんとの関わりが多いからだ。私は高校3年間所属したダンス部での活動を通して他の人の意見を聴きつつ、自分の考えを言葉にして伝える力が身についた。この長所をさらに伸ばして仕事で活かせるように大学で深く学びたいと思っている。

　貴学はチーム医療を重視していて1年次は全寮制で他

学部との交流が盛んである。そのため広い視野や対話の力が身につくと考えた。これらのことは将来看護師になる上で必要な知識や技術、また人間力を養うのに最適な環境だと感じた。以上の理由から〇〇大学保健医療学部看護学科に進学したい。

③ 書き方の決まりと注意すること

　小論文や作文には内容面や形式面に注意すべき点がある。つまらないところで減点されないためにも、それらを学ぶ必要がある。

❶ 形式面での注意と心がまえ

　整った文章で書かなければ、いくら内容が良くてもうまく伝わらないし、印象も悪くなる。そこで、まず形式面の注意点を確認しておく。

① 段落がえを忘れないこと

　段落がえのない文章は、内容が未整理でまとまりのない文章であることが多い。それでは、読むのも一苦労だ。

② 「だ・である」調で統一する

　「です・ます」と「だ・である」が交じった文章はよくない。**小論文なら「だ・である」調に統一すること**。「です・ます」調での統一は勧められない。志望理由書や私的作文も「だ・である」調で書くほうが文章が引き締まる。もっとも、志望理由書や作文では「です・ます」調を使ってはいけないということはない。うまく書けるのならいいが、難しいので、原則は「だ・である」調と思っておこう。

③ 一文は長くなりすぎないように

　一文が長いと、どうしてもだらだらとした文章になる。それに、主語

と述語の関係があやしくなったり、係り受けがおかしくなったりしてしまうことも多い。**目安として、一文が60字を超えるときは、どこかに句点「。」を置いて、文を二つ以上に分けたほうがよい。**

④　流行語や略語、話し言葉を使わない

　小論文では話し言葉や流行語は原則として用いないこと。どうしても必要な場合は、かっこなどを使って、それが自分の言葉ではないことを示す。また、**「!」や「?」などのマークも、本来の日本語ではないので、使わないほうがよい。**

⑤　自分のことは「私」と書こう

　自分のことは、男女を問わず「私」と呼ぶ。

⑥　読点を打とう

　文には適度に読点を打とう。日本語の読点には規則がない。したがって、あまり気にすることはないが、文章を読みやすくするために以下のおおまかな基準で読点を打つことを勧める。

a　主語が長いとき、主語のあとにつける
　　例　これから先の医療で最も重要なのは、インフォームド・コンセントの理念である。

b　文頭の接続詞のあとにつける
　　例　それゆえ、これからは社会福祉の時代だと言えるのである。

c　重文で、「……だが」「……なので」などのあとにつける
　　例　日本では定着していないようであるが、アメリカでは研究が盛んだ。

d　続けて書くと、別の言葉と誤解されるときにつける
　　例　佐々木隆、長谷川孝次の二人がやってきた。

❷内容面での注意と心がまえ

　続いて内容面での注意点をあげる。自分の書いた文章が、以下のように
なっていないかチェックするように心がけよう。

①　設問そのものは否定しない

　たとえば、「幼児の外国語教育について」問われているのに、「国際化
の時代、そんなことを考えること自体ナンセンスだ」と設問の前提を否
定してはならない。これは小論文の約束事だ。課題文の主張に「ノー」
で答えることはかまわないが、設問自体を否定しないようにしてほしい。

②　論点がずれないように

　これが一番陥りやすい注意点だ。

　論点がずれないようにするためには、4部構成で書く場合、**問題提起**
と、第2部（「意見提示」）の「確かに」のあとと、「しかし」のあとと
をしっかりと噛み合わせるのがポイントだ。

　さらに、第3部（「展開」）で、しっかりと、第2部（「意見提示」）の
「しかし」のあとに書いたことを深めたり、その根拠を示したりするこ
と。ここで、別のことを言ってしまうと、これも論点がずれてしまう。

③　弁解がましいことを書かない

　たとえ謙遜のつもりでも、「こんな難しい問題は考えたこともなかっ
たが」などと、言い訳じみたことを書かないように。自分のできるかぎ
り力を尽くした論ならば、堂々と書くのが小論文のルールだ。

④　具体例のない、抽象的なことばかり書かない

　抽象的なことばかりを書き並べた文章はわかりにくい。適度に、適切

な具体例を入れること。抽象と具体は、ひとまとまりになって説得力が生まれるということを、忘れてはならない。もちろん、具体例ばかりではなく、何が言いたいのかを抽象的にまとめることも必要だ。

⑤ 羅列しない

　小論文は論理の筋道をつけるものだ。思いついたことを羅列して終わりにしてはいけない。特に「展開」で羅列に走りがちになるので注意。

❸ 原稿用紙の正しい使い方と表記上の注意

　原稿用紙も勝手に書けばよいというものではない。原稿用紙の使い方にはいくつか決まりがあるので紹介しよう。

　基本的なことで言えば、最初の書き出しや行を変えるときは１マス分あけることなどがあるが、句読点や記号などについてはルールを知っておく必要がある。以下詳しく述べるのでチェックしておいてほしい。ほとんどは常識として誰もが知っていると思うが、意外と知られていない決まりもあるので注意が必要だ。

　また、大学によっては、ちょっとした誤字や脱字、原稿用紙の使い方に無知であることによって不合格となる場合があるので、甘く考えてはいけない。

原稿用紙の使い方の決まり

❶ 書き出しと段落のはじめは必ず１マスあける

❷ １マスに原則として１字を埋める

　　句読点（。、）やカッコ類も１マス分をとる。ただし、句点と閉じカッコが続くとき（。」）は１マス分、……や──は２マス分をとる。

❸ 行の最初に句読点や閉じカッコをつけない

句読点や閉じカッコが行の最初にくるときは、前の行の最後のマス目に加える。この規則を知らない人が多いので特に注意。

❹数字の表し方

数字は縦書きのときは、原則として漢数字を用いる。数量を言うときには算用数字でよい。

❺横書きの場合、数字とアルファベットは１マスに２字埋めるのが慣用

ただし、大文字は１字１マス分をとる。

❻単位の記号はカタカナで書く（m→メートル、ℓ→リットル）

❼誤字、脱字の訂正

誤字、脱字を正すとき、消して書き直すのが原則だが、時間がないときは、二重線で消したり、印を入れたりして、書き改めてよい。

● 基本的な熟語は漢字で書く

必ずしも漢字を多用する必要はないが、基本的な熟語、つまり中学生までに習った熟語は漢字で書くべきだ。漢字を忘れたら、できるだけ、ほかの言葉に変える。誤字は絶対に避けねばならない。

横書きの例

❶ 日本の合計特殊出生率は、20 05年に過去最低である❹1.26まで落ち込んだ。それ以降は微増傾向にあるが、出生数自体は減少している❸。
　テレビのニュースで保育所について、「空きがなく子どもを預けられないので、仕事に戻れない。これでは❹二人目の出産は難しい。」❷と話している母親を見た。日本の女性の労働については❺Inter - Parliamentary　Union（列国議会同盟）の調べで、2019年の衆議院

の女性議員の割合が9.9❻パーセントと、191
カ国中165番目となっている。子育てを女性
の役割とする考え方を見直し、働く環境を整
えることが少子化問題の解決には必用（要）❼である。

縦書きの例

❶日本の合計特殊出生率は、二〇〇五年に過去最低の一・二六まで落ち込んだ。❹それ以降は微増傾向だが、出生数自体は減少している。❸

テレビのニュースで保育所について、「空きがなく子どもを預けられないので、仕事に戻れない。これでは二人目の出産は難しい。」と話している母親を見た。❷日本の女性の労働についてはInter-Parliamentary Union❺（列国議会同盟）の調べで、二〇一九年の衆議院の女性議員の割合が九・九パーセントと、❻一九一カ国中一六五番目となっている。子育てを女性の役割とする考え方を見直し、働く環境を整えていくことが必用（要）❼である。

❹ 字数制限の決まりと許容範囲

　試験では必ず字数の制限がつく。特に注意がないかぎり、句読点やカッコ、段落がえによって生じた余白も、字数に含まれる。以下に、字数の決まりと許容範囲を示す。

(a)　「○○○字程度」の場合

　たとえば、「800字程度」という場合には、プラス・マイナス10パーセント程度（700〜900字）が望ましいが、20パーセント程度は許容範囲。しかし、少なくとも半分以上書かなければ、零点をつけられる可能性がある。

(b)　「○○○字以内」の場合

　「800字以内」「1000字以内」の場合は、かならず字数以内で書く。これも、少なくとも半分以上書かないと、0点をつけられても文句は言えない。マイナス20パーセント程度なら許容範囲だが、マイナス10パーセント以内がベスト。ただし「以内」とあるので、1字のオーバーも許されない。

(c)　「○○○字から○○○字まで」の場合

　たとえば「600字から1000字」とあれば、600字に達していればいいが、600字未満か1000字を1字でも超えれば0点になる。

第3章

頻出テーマ／パターン別実戦問題演習

医療の問題

課題1　清潔さ

一般に日本の人々は清潔好きといわれています。このことについて以下のキーワードのうちの３つ以上を使って、あなたの考えを解答欄の枠内に書きなさい。

「食品汚染」「病原菌」「衛生」「感染症」「排泄」

課題の読解

　キーワードを選んで論述する形式の課題で注意すべきことは、キーワードの意味を理解していることを、文章で表すことだ。だから、まずは、わかりにくい語句の場合には、定義をしっかりしておくこと。とはいえ、「清潔さ」については、誰にもわかる語句なので定義するまでもないだろう。

　そして、次に「現象」を考えてみる。つまり、このテーマに関してどのようなことが起こっているのか、どのようなことが言われているのかを考えるわけだ。テーマにも書かれている「日本人は清潔好きだ」ということのほかに、**「日本人は、清潔を求めすぎる」「抗菌グッズなどの清潔グッズが売れている」「食品が細菌に汚染されていることなどがある**

ので、もっと清潔であるべきだ」「手洗い、あるアルコール、マスクなど、清潔さを求めたために、新型コロナウイルスの拡大を減らすことができた」「これからも、ウイルスなどの感染症の拡大を防ぐために、ふだんから清潔を心がけるべきだ」などと言われていることを思い出すだろう。

　そうすれば、すぐに問題提起を思いつくはずだ。この場合の問題提起は、テーマを使って素直にイエスかノーかの疑問文を作り出せばよい。つまり、「日本の人々は清潔好きといわれています」と書いてあるのだから、**日本の人々は本当に清潔好きかとか日本の人々の清潔好きはよいことか**という問いが成り立つ。

　こういった問題提起にしたがって、賛成か反対の意見を述べる。その時にキーワードを入れていけばよい。またキーワードを手がかりにして自分の意見を作り出すこともできる。

課題の解説

　医療の問題のなかで、衛生や健康に関わる問題は見落とされがちであるが、かなり身近な問題であるがゆえに重要だ。

　日本を含めた先進国は、基本的には衛生状態がかなりよい。下水設備が完備され、食品を販売するときも行政上の細かい指示を守らなくてはならない。発展途上国に行くとわかるが、ハエの集ったまま肉や魚を売っている店がたくさんあるので驚いてしまう。

　もちろん、日本でもときに食中毒が起こる。食品会社の管理が不十分なために病原菌が食品に付着して食品汚染が起こるような場合だ。だが、ほとんどの事業所で衛生管理が徹底され、改善されている。これからよりいっそう徹底することが求められている。

　このように衛生状態が改善されたことによって、日本では普通、赤痢

やチフスのような様々な感染症にはかからない。当然、第三世界とは対称的に、菌に対する抵抗力の弱い乳幼児の死亡数はかなり低い。もし、日本人が清潔好きでなかったら、新型コロナウイルスはいっそう拡大していただろう。日本人は清潔意識が強いためにある程度の感染拡大率で新型コロナウイルスを防げたという面もある。

　しかし衛生状態が良いことによる問題もある。それは菌に対する抵抗力が弱まってきているということだ。たとえば花粉症だ。子どものころから外で遊ぶなどして、菌への抵抗力をつけた人は花粉症にかかりにくいという研究もあるという。

　また、衛生状態がよくなった後の社会意識の問題になるが、汚いと思う存在を意識から排除していこうとする傾向が生まれるのも問題だ。人々は日常から清潔であろうとする。きれいな服を着て、他人から見られるイメージを徹底的にクリーンにする。

　その結果、変な匂いには敏感になり、些細な汚れも気になるようになる。他人から見ればどうでもいいような匂いや汚れも排除しようと試みる。そうして清潔な者同士で仲間を作るようになり、異質な者から目を逸らすようになる。たとえば、決して汚れた者ではないにもかかわらず、ホームレスや貧しい格好をした者、外国人などを、汚れた者としてイメージし排除していく可能性もある。

　衛生状態が向上すると、こういった社会問題がおこることも理解してほしい。

考え方

　さて【課題の読解】では、「日本の人々は本当に清潔好きか」と「日本の人々の清潔好きは良いことか」という２つの問いを設定しておいた。ここでは、後者の日本の人々の清潔好きは良いことかという問題につい

て、賛成と反対の意見例を示しておく。なぜなら「日本人は本当に清潔好きか」という問題提起にすると、アンケートなどをとって、清潔好きかどうかを調査する必要があるからだ。その点、後者であれば、価値観を答えられるので、調査は必要ない。しかも、小論文というのは基本的に価値観を問うものなので、それにも、この問題提起は当てはまる。

「日本の人々の清潔好きは良いことだ」という方向からは、**「新型コロナウイルス感染によって、清潔を心がけるのがいかに大事か再認識された。これからも清潔を心がけるべきだ」「日本の衛生に関する制度や政策は、東南アジアなどの途上国の手本になるはずだ。清潔好きのために、下水道も完備され、人々が健康でいられるように整備されている」**などの論が可能だ。

反対に、「日本の人々の清潔好きは良いことではない」という方向からは、**「清潔好きのために、むしろ日本人の抵抗力が弱まって、別の病気にかかるようになっている。むしろ、清潔を求めすぎて、神経質になっているにすぎない」「清潔好きがひどくなって、社会に対しても清潔を求めるようになり、不潔とみなされるようなものを攻撃・排除する意識が強まる恐れがある」**などの論が可能だ。

以上のことを、指定された用語を用いて４部構成にして書けばよい。

解答例　　一般に日本の人々は衛生意識が強く、清潔好きだと言われているが、この傾向は果たして良いことなのだろうか。

確かに日本人は清潔好きであるために、むしろ抵抗力をなくしているという面があるだろう。抗菌グッズが売られ、多くの人が周囲を清潔にしようとするあまり、人々は病原菌と共生することができなくなり、すぐに病気になったりするといわれている。しかし、そうであっ

ても、清潔を求める日本人のあり方は好ましいと考える。

　新型コロナウイルスが日本では欧米ほどの大きな感染を見せなかった。それにはさまざまな要因が考えられるが、一つには日本人の清潔好きがあげられるだろう。通常からマスクをつける人が多く、排泄後や食事前の手洗いを習慣づけている人が多かった。また、建物に入るときなどに除菌のための手洗いをする習慣も普段から行われているところが多かった。そのために、感染症を防ぐことができたといえるだろう。また、より一層予防をするという呼びかけに対しても、日本人は清潔好きであるからこそ、抵抗なくみんなが率先して実行したのである。これから先もまた感染症が広まる恐れがある。日本人が清潔好きを続けていけば、これからの感染拡大を防ぐことができるだろう。

　以上述べた通り、日本人の清潔好きは好ましいことだと考える。

課題2 健康長寿

問 以下の「健康長寿」に関する記事を読んで、問に答えなさい。

　老衰で亡くなる人が多い地域ほど、医療費が低くなる傾向にあることが日本経済新聞社の調査で明らかとなりました。老衰で死を迎える人は、それまでに大きな疾患を抱えていなかったケースが多いそうです。寿命100年時代と言われますが、寿命の絶対値だけではなく、健康寿命を延ばす工夫が求められています。

　同社が人口20万人以上の130市区について調査を行ったところ、老衰死の割合が高い自治体は1人あたりの医療費（高齢者）が低く、逆に老衰死の割合が低い自治体は医療費が高いことが分かりました。調査した自治体の中で、老衰死の割合がもっとも高かったのは神奈川県茅ヶ崎市で、もっとも低かったのは大阪府の茨木市でした。

　老衰で死を迎えられるというのは、重大な疾患にかかっていないか、進行が緩やかであった可能性が高く、同じ寿命でも健康な状態で活動できる期間が長かったと考えられます。また過度に病院に依存していなかった可能性もあると記事では指摘しています。

　医療施設の整備は長寿にとって極めて大事な要素ですが、先進国の場合、一定の医療水準が保障されているため、必ずしも医療施設の多さが長寿をもたらすわけではありません。長野県は以前から長寿県として知られていますが、1人あたりの医療費が低く、医師数やベッド数も全国平均を大きく下回っています。

一般的には寿命が延びると、それに比例して医療費も増大します。2015年度における国民医療費の総額は42兆円を超えていますが、国民から徴収する保険料と患者の自己負担でカバーできているのは全体の約6割にすぎません。残りは税金などから補塡される仕組みになっており、公的負担がなければ、制度を維持することが難しくなります。

国民の健康寿命が長くなり、医療費を抑制することができれば、国民皆(かい)保険の制度を維持できる見通しも出てきます。老衰が多い地域の高齢者がどのような生活習慣だったのかについて調査し、健康寿命を長くする方法を見つけ出すことができれば大きな効果がありそうです。

病院にかからない方が長寿だからといって、通院を抑制するようなことはあってはなりません。しかし日本人は医者から処方される薬の量も多く、病院への依存度が高いのも事実です。どのようにして一生をまっとうするのがよいのか、国民的な議論がもっと必要でしょう。

THE PAGE　2018.01.06　08:00　「老衰死の割合高いと医療費低く。健康寿命長くなれば皆保険制度維持も可能？」より抜粋

設問　上記の記述を読んで「健康寿命の推進」に関して、自分の意見を述べなさい。（500字以上600字以内）

（昭和大　健康医療学部）

課題の読解

この文章のキーワードはもちろん「健康長寿」。

簡単にまとめると、次のようになる。

「老衰で亡くなる人が多い地域ほど、医療費が低くなる傾向がある。老衰で亡くなるということは、重大な疾患にかかっていないか、進行が緩やかであって、健康な状態で活動できる期間が長かったと考えられ

る。また、過度に病院に依存していなかったと考えられる。一般的には寿命が延びると医療費も増大するが、国民の健康寿命が長くなり、医療費を抑制できれば、医療費も少なくて済む。どのようにして一生をまっとうするのが良いのか、もっと考えるべきだ」

　つまり、この文章は、「**長生きすると、医療費がかさむ**」という常識に反対して、「**健康長寿であって、病気をしないまま老衰で死ぬと医療費もかからない**」と語り、健康長寿を目指すことを呼びかけているわけだ。

課題の解説

　この文章を読んで、「健康長寿の推進」についての自分の意見を述べることが求められている。課題文は、健康長寿を目指し、医療費もかからず、病気にならずに、老衰で死ぬようなあり方を提唱しているのだから、それが正しいかどうか、そうするためにはどうするべきなのかを考えるとよい。

　近年、「健康寿命」が話題にされる。「**健康寿命**」というのは、健康でいられる寿命のことだ。

　一般に「寿命」といわれると、病気になったり、寝たきりになったりした年月も含まれる。これまで寿命ばかりが重視され、長寿が喜ばれ、寿命を延ばすことが好ましいことだとされてきた。医療の世界でも寿命を延ばすことを重視してきた。だが、QOLの考え方（146ページ参照）がひろまって、命ばかりを永らえさせることに疑問が示されるようになった。いくら長寿であっても、健康でなければ自分らしく生きることができない。大事なのは、病気を抱えて寿命を永らえることよりも、健康な状態を長く続けることではないか。「健康寿命」という言葉はそのような考えに基づいたものであり、近年、単に寿命を延ばすだけではなく、**元気でいられる年月、すなわち「健康寿命」を伸ばそうという動きが出**

ている。

　この課題文で語られる「健康長寿」も、そうした考え方を基盤にして
いるといってよいだろう。この言葉には、「健康なまま長寿をまっとう
する」という意味が含まれている。

考え方

　課題文を読んで、「健康長寿の推進」に関しての意見を述べることが
求められている。したがって、「健康長寿の推進を行うべきか」につい
て論じるのが正攻法だ。

　しかし、真正面から反対するのは難しい。せいぜい、「健康長寿を推
進すると、病院に行って病気を診てもらうことが悪いことのように思わ
れて、それを避ける人が現れるかもしれない。そうなると、むしろ健康
を失う恐れがある」「人の命の問題なのに、お金のことばかりあまり言
うべきではない」「健康長寿が望ましいのは当然だが、それを実現する
のは実際には大変難しい」といったことだろう。

　ここに示した反対意見を上手に取り込んだ上で、反対するのではなく、
健康長寿を実現するための方法、そのための心構えなどを書くほうが、
出題者の求めに近いことになるだろう。

　**「健康長寿を実現するためには、普段から食べ物、生活習慣などに気
を付ける必要がある」「病気になってから医療費を使うのではなく、予
防医療にお金をかけるほうが、結果的にお金をかけずに済む。予防を重
視することによって、健康長寿を実現できる」「個人ではなく、地域ぐ
るみ、職場ぐるみで健康対策を行うべきだ。そうすることによって、地
域全体を健康にできる」**などの論が可能だ。

解答例

　　　　課題文は、「病気をしないまま老衰で死ぬと医療費も
かからない。老衰で亡くなるということは、健康な状態

で活動できる期間が長かったと考えられる。健康長寿であれば、国民の健康寿命が長くなり、医療費を抑制できれば、医療費も少なくて済む」と語り、健康な時間を長く過ごす健康長寿を目指すことを呼びかけている。

　確かに、健康長寿を推進すると、病院に行って病気を診てもらうことが悪いことのように思われて我慢する人が現れ、むしろ、健康を失う恐れがある。そのようなことにならないように気をつける必要がある。だが、健康長寿を推し進めるべきである。

　健康長寿を実現するためには、病気になってから対処するのでは遅い。普段から適度に運動をし、体に良くないものを摂取せず、暴飲暴食をせず、健康なものを食べて生活してこそ、健康長寿を実現できる。そのためには、個人の取り組みだけでは不十分である。地域ぐるみで健康に対する啓もうを行い、予防のための活動を行ってこそ、実現できると考える。健康長寿を実現できれば、健康な生活を送り、社会活動を続け、人生を楽しむことができるのである。

　以上述べた通り、健康長寿を実現するために、地域ぐるみの予防や啓もうを行う必要があると考える。

2 生命・環境・福祉の問題

課題 1 環境問題

問 次の文章を読んで、設問に答えなさい。

Kotohiki Beach seems like something out of painting. Many visitors reach the beach in Kyotango, part of Kyoto Prefecture. Besides the views, Kotohiki Beach is also distinctive for its "Singing Sands." When you walk along the beach, the sand emits little squeaks. The sound comes from vibrations caused by grains of sand rubbing against each other. Without the ocean washing the sands clean, however, the beach would not sing.

Local volunteers have been working to conserve the environment at Kotohiki Beach for more than 30 years. They have regularly organized cleanups, but the severity of the marine debris has become greater in recent years. The trash that rides the ocean currents in summer and drifts into the Sea of Japan gets pushed onto Kotohiki Beach by the seasonal winds of autumn and winter. Fishing gear such as nets and bobbers, along with medical waste like syringes, are also a problem, but the overwhelming majority of the trash is plastic.

The threat from ocean plastic waste is now a serious problem. A survey is conducted regularly to analyze the text printed on lighters to determine where the marine debris originates. Although cleanup efforts by residents have preserved the beach's scenery, due to the nonstop inflow of trash the root cause of the problem cannot be addressed.

The years of work by the community around Kotohiki Beach has spread awareness about protecting the site to high school students and other young people. There has been an annual musical event held for the past 25 years, "The Barefoot Concert," where the price of admission is a piece of garbage collected from the beach. In 2019, participants gathered 9,440 pieces of plastic in just two hours. Afterward, high schoolers sorted the trash to produce panels that were exhibited in different areas to inform the public about what is happening at Kotohiki Beach. Meanwhile, young workers in the local tourism business invite students from other countries visiting on school trips to experience the true beauty of Kotohiki Beach for themselves.

(The Japan times, Jan 20, 2020)

問1 本文で言及されている琴引浜の環境保全に関わるすべての活動を90字以上120字以内の日本語で書きなさい。

問2 本文で言及されている琴引浜の環境保全に関する問題点を挙げたものについてあなたの意見を述べなさい。全体で480字以上600字以内の日本語で書くこと。
なお、英数字を記入する場合は1マスに2字まで入れてよい。

（埼玉県立大　保険医療福祉学部）

コトヒキ・ビーチ（琴引浜）は絵画から出てきたように見える。見渡す限り広がる真っ白の砂浜である。たくさんの観光客は京都府の一部である京丹後の海岸を訪れる。琴引浜はまた「歌う砂」（鳴き砂）にも特徴がある。浜沿いに歩くと、砂は小さなきしむ音を出す。その響きは互いにこすれあう砂粒の振動によって起こる。しかしながら、砂をきれいに洗う海がないと、砂浜は歌を歌わない。

地域ボランティアが30年以上前から、琴引浜の環境保全のために働いてきた。彼らは、定期的に清掃を行っているが、海のゴミが近年ひどくなった。夏の海流に乗って日本海へと流れこむがらくたが秋と冬の季節風によって琴引浜へと押されてくるのである。網や浮きなどの釣り用具や、注射器などの医療廃棄物、これらはともに問題だが、がらくたの圧倒的多数を占めるのはプラスチックである。

海のプラスチック廃棄物の脅威は今では深刻である。どこで海のゴミが生じているのかはっきりさせるために、ライターに印刷された文字を分析する調査が実施されている。住民による清掃の努力は浜の景観を保護してきた努力にもかかわらず、たえまないがらくたの流入のせいで、問題の根本原因に対処することができずにいる。

琴引浜周辺のコミュニティによる長年の活動は高校生などの若者に景観を守ることについての認識を広げている。25年前から毎年、浜で集めたごみのかけらが入場料になる「はだしのコンサート」が開かれてきた。2019年には、参加者は、ちょうど2時間で9440個のプラスチックを集めたのだった。その後、高校生たちはがらくたを分類し、琴引浜で何が起こっているかについて一般の人たちに知らせるためにパネルを作っていくつもの区域に展示した。その一方、地域旅行ビジネスの若い労働者たちは、他の国から来た学生たちを琴引浜の真の美しさを体験する修学旅行に招いたのだった。

　課題文は英文だが、内容的にはそれほど難しくはない。京都府の琴引
浜の活動を紹介している。この浜は、「鳴き砂」で有名だが、近年、ゴ
ミ、特にプラスチックごみが増えて、美しさが損なわれている。そのた
め、地域の人が、プラスチックごみをチケット代わりにした「はだしの
コンサート」を催し、琴引浜の状況を知らせるパネルを作り、他の国の
学生を旅行に招待して琴引浜の真の美しさを体験させる。そのような状
況を描いている。

　環境問題は、医療福祉看護系の小論文問題の定番だ。しっかりと頭に
入れておく必要がある。

　環境問題全般については第4章で取り上げるとして、ここでは、ゴミ
問題を解説しよう。

　いうまでもなく、昔から人間はゴミを出していたが、その量は多くな
かった。当時の人は様々なものを再利用をしてゴミはあまり出さなかっ
たといわれている。ところが、技術が発達して、使い捨てのものが増え、
新製品への買い替え、過剰包装などが起こって、ゴミが増えていった。

　また、かつてはゴミの多くは燃やしたり、放置しているうちに腐らせ
たりしていたが、プラスチックのような腐らないもの、燃やせないもの、
燃やすと有毒物質を出すものなどが増えてきた。燃やせないものについ
ては埋めることが多かったが、その場所も確保できなくなった。こうし
てゴミ問題が社会で大きく取り上げられるようになった。

　ゴミを減らすために、次の3R（スリーアール）の実施が推奨されて
いる。

- **Reduce（リデュース）**　そもそも製品を作る際に使用する資源の
  量を減らすなどして、ゴミ廃棄物の発生自体を減少させることをい

う。たとえば、プラスチック製のストローの使用をやめたり、自分の箸を持ち歩く、またスーパーやコンビニなどで使用するマイバッグを持ち歩くことなどがこれにあたる。

- **Reuse（リユース）** 一度使用したものを繰り返し使用することをいう。空き瓶などを捨てずに回収して、何度も使用できるようにするのがこれにあたる。
- **Recycle（リサイクル）** ゴミ廃棄物を原材料やエネルギー資源として有効活用することをいう。プラスチックや瓶などの分別回収もこの一環といえる。

これらの3Rを実現する方向に進めていくことが求められている。

ところで、**ごみ問題の中でも近年大きく取り上げられているのが、この例題で取り上げられているプラスチックごみだ。**

「プラスチックごみ」とはペットボトルなどの容器、レジ袋など、プラスチックで作られた製品のゴミのことだ。年間800万トンが海にゴミとして流れ込んでいるといわれる。

プラスチックは分解されないので、そのまま残ってしまう。道路や川に捨てられたものが海に流れ込んで、海を汚している。ゴミを餌と間違えて食べてしまった魚や鳥たちが苦しんだり、死んだりといったことが増えている。

もっと深刻なのが、マイクロプラスチックと呼ばれている、小さく砕けたプラスチックだ。海が汚染されて、生物の住めない環境になることも考えられる。また、魚が体内に取り入れたものを、すでに人間が食べているという状況も起こっている。有害物質が含まれていることも心配されている。

プラスチックごみを減らすためにはリデュースが重要だろう。すなわち、レジ袋の有料化などをいっそう推し進めて、プラスチック製品を減

らすこと、海に流れ出ないように制度を作ること、海に流れ出てしまっ
たプラスチックを回収できるようにすることだ。

　だが、**マイクロプラスチック化したゴミを回収するのは難しく、これ
から先の大きな問題になっている。**まずは、すでに海洋を汚染している
プラスチックごみを回収することが求められている。**日々の努力で徐々
に減らすことも大事だが、新たな技術の開発も必要だろう。**

考え方

　問１では、琴引浜の環境保全に関わるすべての活動を書くことが求め
られている。字数に合わせて、地域ボランティアによる定期的な清掃、
「はだしのコンサート」の開催、高校生のパネル作り、若者が外国の人
を招待したことを説明すればよい。

　問２では、琴引浜の環境保全に関する問題点をあげた上で、問題解決
についての意見を述べることが求められている。

　「課題の解説」で述べた通り、解決策として、**①レジ袋の有料化など
をいっそう推し進めて、プラスチック製品を減らす、②海に流れ出ない
ように制度を作る、③海に流れ出てしまったプラスチックを回収できる
ようにする**、という３点を中心に書くのが望ましい。

　制限字数は600字だが、論じることが求められているというより問
題点と解決策を書くことが求められているので、２部構成の型を用いて、
第１部に琴引浜の環境保全についての問題点をあげ、第２部に解決する
方法を順に示せばよい。

　独創性を示す必要はない。しっかりと説明を加えながら論理的にわか
りやすく解決策を示す。

解答例　**問１**

　　　地域ボランティアが定期的な清掃を行っている。ま

た、プラスチックごみをチケット代わりにした「はだしのコンサート」を行い、高校生が浜の状況を知らせるパネルを作っている。旅行業の若者は他国の学生を招待して浜の真の美しさを体験させている。

問2

琴引浜には様々なゴミ、特にプラスチックごみが大量に押し寄せて、浜の美しさを壊し、「鳴き砂」を失わせている。この問題を解決するには以下の方法がある。

第一に、市民が連帯してボランティア活動を行って、少なくとも週に1回くらい、海岸のゴミ拾いを行うことである。そして、そのような運動を告知して、一般市民が日常的にごみ拾いをする運動を繰り広げるのである。市民全体、日本全体の運動として行うことによって、海岸をきれいにすることができるだろう。第二に、もっと根本的な対策として、プラスチックごみを減らすことを考えるべきだと私は考える。そのためには、世界に呼びかけて、プラスチックごみを減らす運動を行う必要がある。プラスチックごみは現在、世界中の海に流れ、時にマイクロプラスチックとなって海を汚染し、海で暮らす鳥や魚介類に影響を与えている。そうした汚染物質が魚介類を死なせ、それが人間の体内にも入って健康を害する恐れもある。それを防ぐために、ペットボトルを減らしたり、レジ袋を廃止したり、あるいはそれらのごみが海に流れ込まないように回収の徹底を行うべきである。それを世界に呼びかけていく必要がある。第三に、以上のことを行ってこそ、浜辺をきれいにし、海の汚染を減らすことができると考える。

課題2　アクセシビリティ

問 次の課題文を読んで、後の問いに答えなさい。

　実際、福祉は情報への配慮であふれています。たとえば点字ブロック。言うまでもなく点字ブロックは、「駅はこちらです」等の「情報」を視覚障害者に与えるために設置されています。横断歩道に設置されている音響信号も、「止まれ」や「進め」の「情報」を与えることが目的です。

　こうしたインフラ面での福祉事業だけでなく、人的なサービスも情報に主眼が置かれています。たとえば図書館の対面朗読サービス。ここでは視覚障害者が本に書かれた情報にアクセスできるよう、図書館スタッフやボランティアが内容を読み上げてくれます。点字ブロックや音響信号は、障害者が行動するのに必要な情報を与える福祉、対面朗読サービスは障害者の情報入手そのものを手助けする福祉です。そして近年は、そのうち特に後者が重視されている印象を受けます。

　そうした中でよく聞かれるのが、「アクセシビリティ」という言葉です。もともとは施設やサービスへのアクセスのしやすさ、その度合いを指す言葉でしたが、近年は、情報に対するアクセスのしやすさ度合いを指す言葉として使われることが多いように感じます。

　さらに、この「アクセシビリティ」とセットでよく用いられるのが「情報格差」という言葉。そこにあるのは、ハンディキャップのある人とそうでない人の情報量の差、すなわち情報格差をなくすことが社会的包摂には必要だ、という考えです。こうした考えのもと、アクセシビリティを高めるためのさまざまな福祉的活動がなされています。

もちろん、こうした「情報のための福祉」は障害者にとって不可欠で、これまでたくさんの試みがなされてきました。しかし、まだまだ不足している部分が残っていることは否めず、これについては社会をあげて補っていかなくてはなりません。

　福祉制度そのものの意義を否定するつもりは全くありません。私が危惧するのは、福祉そのものではなくて、日々の生活の中で、障害のある人とそうでない人の関係が、こうした「福祉的な視点」にしばられてしまうことです。

　つまり、健常者が、障害のある人と接するときに、何かしてあげなければいけない、とくにいろいろな情報を教えてあげなければいけない、と構えてしまうことです。そういう「福祉的な態度」にしばられてしまうのは、もしかするとふだん障害のある人と接する機会のない、すなわち福祉の現場から遠い人なのかもしれません。

　さまざまなワークショップ等で活躍している全盲の木下路徳さんは、子どもの頃、視力が弱まるにつれて同級生がよそよそしくなっていった経験について語っています。

　小学生の頃、木下さんは目の手術をして半年くらい学校を離れていました。その後学校に復帰しましたが、しばらくは弱視学級という別室でマンツーマンの授業を受けていました。

　でもあるとき、音楽や給食の時間は、それまで通っていた通常のクラスに帰ろうということになったそうです。それで、それまで一番仲のよかった友達が、弱視学級の教室に迎えに来てくれることになりました。もとのクラスに自然に戻れるようにという先生の配慮だったのでしょう。

　ところがこのことが、小学生の木下さんに最初のショックを与える結果になってしまいました。「親友が来てくれたんだけど、『よお!』みたいな和気あいあいとした雰囲気にならなくて、『はい、じゃあ行

きましょうか』というような事務的な感じで、何もしゃべらず移動していったんですね。何これ、ぜんぜん楽しくないじゃんって（笑）」。その後も友達とは以前のような関係に戻れず、クラス替えでますます距離は遠のくばかり。「仲のよい友達を奪われた」という感じだったと言います。

（中略）

からかったり、けしかけたり、ときには突飛ばしたり、小学生の男子同士なら自然にやりあうようなことが、善意が壁になって成立しなくなってしまった。「だんだん見えなくなってくると、みんながぼくのことを大事に扱うようになった、よそよそしい感じになって、とてもショックでした」。

情報ベースでつきあう限り、見えない人は見える人に対して、どうしたって劣位に立たされてしまいます。そこに生まれるのは、健常者が障害者に教え、助けるというサポートの関係です。福祉的な態度とは、「サポートしなければいけない」という緊張感であり、それがまさに見える人と見えない人の関係を「しばる」のです。

出典：伊藤亜紗『目の見えない人は世界をどう見ているのか』（光文社新書2015年）より抜粋。

問1 木下さんを弱視教室に迎えに来た友達は、その時どんな気持ちだったと思いますか。あなたの考えを200字以内で述べなさい。

問2 課題文の内容を踏まえて、あなたは障害者と共存していくためのより良い福祉のあり方について、具体的にどのような工夫が必要であると考えますか。あなたの考えを600字以内で述べなさい。
（鳥取大　医学部保健学科）

課題の読解

課題文は「**アクセシビリティ**」を問題にしている。

まず、課題文では、「アクセシビリティ」の言葉の意味が説明されている。これは、もともとは施設へのアクセスのしやすさを示す言葉だったが、**現在では情報に対するアクセスのしやすさ度合いを示す**。特にハンディキャップのある人とない人の情報量の差をいう。つまり、**情報格差をなくすことが社会に必要だという場合に、この言葉は用いられる**わけだ。

課題文では、障害者が情報格差に苦しむことがなくなるようにするため、「情報のための福祉」が不可欠になっているが、アクセシビリティが難しいことが指摘されている。そして、その例として、健常者が障害者に接して、情報を与えようとする時、「サポートしなければならない」という「福祉的な態度」に縛られてしまって、「情報を教えてあげなければならない」と考えてしまうことが実例によって挙げられている。

つまり、この文章のキーワードは「アクセシビリティ」。そして、まだアクセシビリティが不十分であって、障害者に情報が十分に伝わっていないこと、特に、障害者に情報を与えようとするあまり福祉的な態度になってしまうことに反対している。

したがって、この文章が語っているのは、「**サポートしなければならないというような、福祉的な態度に縛られずに、情報格差をなくすべきだ**」ということになる。

課題の解説

障害者、高齢者、困窮者との関係を考えるとき、基本となるのは**ノーマライゼーション**という考え方だ。

「ノーマライゼーション」については、第4章で詳しく説明するが、要点だけ語ると、英語で「ノーマライズ」とは、「ノーマル（普通）に

する」ことを意味する。つまり、特別なこととみなすのではなく、普通のこととみなすこと、もっと簡単に言うと、高齢者や女性や子ども、障害者などの**すべての社会的弱者も一般の人と同じようにふつうに活動できる社会をつくる、という考え方**をいう。

したがって、健常者が障害者のために何かをしてあげたり、かわいそうな人に手を差し伸べたりということではなく、障害者が自分で決定し、自分らしく生きることができ、健常者と対等の関係を築けるように配慮するべきだということだ。

また、その延長線上にあるのが、**バリアフリーとユニバーサルデザイン**という考え方だ。バリアフリーとは、「バリア」（障壁）を「フリーにする」（取り除く）という意味で、**障害になるものを取り除いて、障害者でも活動できるようにしようという考え方**をさす。たとえば車椅子でも入れるように、段差をなくしたり、ドアの幅を広げたりすることだ。日本の施設でバリアフリーを考えている場所が増えてきた。

ユニバーサルデザインとは、**健常者も障害者も、だれにでも使いやすいデザイン**のことをいう。バリアフリーの考え方には、障害者に配慮して使いやすくしようとするものだったが、ユニバーサルデザインの基本にあるのは、障害者にも使いやすいものは健常者にも使いやすいはずだ、だから、だれもが使いやすい施設にしようという考え方だ。「ユニバーサル」とは「普遍的な」という意味で、「ユニバーサルデザイン」とは、だれもが受け入れられる普遍的な設計のことをいう。

このような配慮のもと、**障害のある人も自己決定によって社会参加ができるように社会の仕組みを整える必要がある**と考えられている。

以上の基礎知識によって、この問題を考えると、文章を書くための糸口が見つかるだろう。

　問1では、木下さんを弱視教室に迎えに来た友達がどんな気持ちだったかを考えることが求められている。「サポートしなければならない」という気持ちに縛られていたことを説明すればよい。

　問2は、課題文を踏まえて、障害者と共存していくためのより良い福祉のあり方について、具体的にどのような工夫が必要かについて書くことが求められている。

　これについては、4部構成の型を用いて、はじめにずばりと**「より良い福祉のあり方とは、障害のある人の自己決定を重視することである」「福祉は、障害のある人も他の人と同じような行動ができるように支えるのが望ましい」**などの自分の考えを示し、それが正しいことを検証する形をとると書きやすい。**ノーマライゼーションの考え方などを加えて説明すると説得力が増す。**

解答例

問1

　　木下さんを迎えに来た友達は、「サポートしなければならない」という気持ちに縛られて、どのようにサポートすれば木下さんの役に立つか、どうすれば助けられるか、どういうことをすると危険があるかを考え、それを木下さんに教えなければならないと考えて、構えてしまっていた。つまり、木下さんを昔通りの仲の良い友達同士ではなく、助けなければならない相手と考えた。

問2

　　私は、障害者と共存していくためのより良い福祉とは、障害者の自己決定を何よりも重視することだと考える。

確かに、障害者は、情報が得られなかったり、自分で動けなかったりして助けを求めていることが多いだろう。そういう意味では障害者は「お願いして希望をかなえる」立場だと思われてしまいがちだ。しかし、障害のある人が自己決定して、それを実行しようとするのは当然の行為である。それを尊重するのが福祉のあり方である。

　障害者福祉にはノーマライゼーションが基本だと考える。すなわち、障害のある人も、健常者と同じ地平に立って、同じ行動ができるのである。福祉はそれを手助けして、障害者が自己決定をしやすくし、それを実行できるようにする必要がある。サポートをする場合も、過度に助けたり、助言したりするのでなく、障害者が自由に助けを求められる雰囲気を作り、それを周囲の人が応えることを重視する。あくまでも、障害者の自主性を尊重するのである。障害者に必要な情報を与え、障害者自身が自分で判断できるようにするのが最も正しいあり方である。

　以上述べた通り、障害者福祉の基本は障害者の自己決定と自主性を尊重することだと考える。

コミュニケーションの問題

課題 1

課題1　微笑みの力

「微笑みの力」（600字以内）

課題の読解

　ストレートな課題といってよいだろう。

　前に説明した通り、医療系では2つのコミュニケーション力が求められる。**患者さんなどに対して共感し、心を通わせ、信頼しあうタイプのコミュニケーションと、医療関係者同士で論理的、科学的にてきぱきと情報や考えを正確にやり取りするコミュニケーション力**だ。その両方がなければ、医療従事者は務まらない。

　このような課題を出すということは、もちろん「微笑みは大事だ」と書くことが求められている。そのうえで、微笑みにどのような力があるのかを意識してとらえているかどうか、それをしっかりとした言葉で論理的に伝えられるかどうかを見ようとしている。言い換えれば、**2つのコミュニケーション力の両方を、この課題で見ようとしている。**

課題の解説

　医療の世界で、コミュニケーション、とりわけ「微笑み」「共感」といった感情的なコミュニケーションが重視されるようになったのには、近年の医療のあり方の変化が関係しているといえるだろう。

しばらく前まで、**医療は患者の病気を治して健康な状態を取り戻させようとする治療（キュア）を重視するものだった。**そのため、医療の仕事は、治療をして病気が治った時点で終わりと考えられていた。ところが、高齢社会になり、多くの人が病気を抱えたまま生きるようになった。末期がんの患者のように回復の見込みもないまま死を待つ人も少なくない。

　そのため、患者が自分らしく生きられるように、心身両面から支えていくことが、医療関係者の大きな役割だとみなされるようになった。**体を治すだけではなく、体の手当て、心の手当て、つまり「ケア」が医療の大事な要素になってきたわけだ。**

　現在では医療は**かつてのキュア中心から、ケア中心に変化しつつある**といえるだろう。そして、それにともなって、かつては医師中心の医療であり、看護師などの医療従事者は医師の手助けをする存在とみなされていたが、特に看護師による患者のケアが医療の大事な部分を占めると考えられるようになってきた。

　このような「**キュアからケアへ**」という医療の変化によって、患者を元気づけ、共感するコミュニケーションが一層重視されるようになってきたわけだ。

　そのような状況の中で、微笑みの大切さについて考える必要がある。

　微笑みの最大の効果は、周囲の人がコミュニケーションしやすくなることだろう。微笑みを浮かべている人には話をしやすい。むっつりしている人に対しては、話したい気持ちにならない。微笑みがあることによって、周囲の人が気軽に話をするようになり、話題も明るくなる。コミュニケーションが盛んになる。

　特に医療関係者の場合、患者は不安を抱え、気分が落ち込みやすい。自分の思いを届けられずにいる人も多い。自分の苦しみを誰もわかってくれないと不満に感じている人も多い。そのようなとき、微笑みを抱い

て明るくしている医療従事者がいると、悩みを打ち明けることもでき、信頼関係が高まる。共感してもらえたと感じる。患者はコミュニケーションによって心を通わせ合うと、安心し、健康状態もよくなることが多い。

もうひとつ、微笑みには、**安心を与えるという効果もある。**たとえ、話をしなくても、微笑みを浮かべているだけで、周囲の人は安心する。不安に思っている患者に安心を与えることができる。そして、周囲が明るくなる。

微笑みは、周囲を明るくするだけではない。その微笑みを浮かべている本人の心も明るくする。落ち込んでいるときも、不安があるときも、微笑みを浮かべることによって、**自分の気持ちを積極的にすることができる。**

気持ちが沈んでいるときも、無理にでも微笑みを浮かべると、だんだんと自分の気持ちが明るくなるという効果もあるだろう。嘘でもいい、無理にでもいい、微笑みを浮かべると、周囲は明るくなり、自分も明るくなるだろう。嘘だった微笑みが本当の微笑みになっていくだろう。微笑みにはそのような効果もある。

ところで、何を書くか迷うとき、**「共感」という言葉をキーワードにして考えると、書くことが見つかる場合が多い。**

医療看護系の学部学科でしばしば語られるのは、「共感」の大事さだ。患者さんに寄り添い、その悩みや苦しみに共感することが求められている。

共感があってこそ、患者の心の寄り添い、信頼を得ることができる。不安の中にいる患者の心を理解せず、共感せずに事務的に仕事をこなしただけでは、信頼を得ることができず、よい仕事もできない。患者さんが何に苦しんでいるのか、どんな不安を抱いているのかを知り、それを少しでも和らげ、積極的に医療に向かうように促すことが医療従事者に

は求められる。

　そのためには、様々な患者さんの考え方を理解し、それぞれの個性に応じた対応ができ、**多くの人に対して共感できる包容力が必要だ**。一部の患者さんと仲良くして、別の人を邪険にするのでは、この仕事は務まらない。

> **考え方**

　「微笑み」は医療看護福祉系にとっては大事な要素だ。これに対して反対するのは難しい。だから、これについて論じて、それが正しいか否かを判断するという形で文章を書くのは難しい。そんな場合には、2部構成の型を用いると書きやすい。

　つまり、最初に「微笑みは大事だ」ということを示して、次の段落でそれを詳しく説明するという形をとる。

　ただし、もし反対意見を思いついたら、4部構成の型を使ってもよい。ただし、「微笑みは必要ない」「微笑みは好ましくない」と書くのではなく、「確かに、無理に微笑みをつくっても不自然なだけで意味がない」「確かに、深刻な状況なのに微笑みを浮かべていると、深刻さが相手に伝わらない」として、**「しかし」で切り返して、微笑みの重要性をそのあとで説明すると、深く論じられる**。二つの型のどちらを使ってもよい。

　なお、「課題の解説」で書いた通り、この問題の背景には「キュアからケアへ」という医療のあり方の変化があるが、それについて真正面から書く必要はない。しかし、看護学科などの小論文問題としてこれを書く場合には、そのことを意識しておくと論が深まるだろう。

> **解答例**　　> **その1**（2部構成での書き方）

　　　微笑みの最大の効果は、周囲の人や自分自身の心を明るくして、コミュニケーションがしやすくなることだと

私は考える。

　第一に、微笑みを浮かべている人には話をしやすい。むっつりしている人は暗い印象を与えるので、そのような人に対しては、話したい気持ちにならない。微笑みがあることによって、周囲の人が気軽に話をするようになり、話題も明るくなる。微笑みがそのような心の通い合いを促すのである。第二に、特に医療関係者の場合、微笑みは心の共感を促すのである。患者さんは不安を抱え、気分が落ち込みやすい。自分の思いを届けられずにいる人も多い。自分の苦しみを誰もわかってくれないと不満に感じている人も多い。医療関係者の仕事は、病気を治すことだけでなく、患者さんの心と体をケアすることでもある。そのようなとき、微笑みを抱いて明るくしている医療従事者がいると、患者さんは悩みを打ち明けることもでき、信頼関係が高まる。共感してもらえたと感じる。患者さんはコミュニケーションによって心を通わせ合うと、安心し、健康状態もよくなることが多い。第三に、微笑みには、自分自身を明るくする効果もある。たとえ無理に笑顔を作っていても、そうしているうちに周囲に話しかけられ、自分自身の心も明るくなり、物事に積極的になれるのである。顔の表情は心の反映ではあるが、また顔の表情が心に影響を与えることもあると考える。

　以上述べた通り、微笑みには様々な力があると私は考える。

　微笑みの最大の効果は、周囲の人や自分自身の心を明るくして、コミュニケーションしやすくなることだと私は考える。

　確かに、無理やり微笑みを浮かべても不自然なだけで、周囲にも不自然さが伝わるかもしれない。そのような場合には逆効果になることも考えられる。しかし、私は微笑みは大きな力を持っていると考える。

　第一に、微笑みを浮かべている人には話をしやすい。むっつりしている人は暗い印象を与えるので、そのような人に対しては、話したい気持ちにならない。微笑みがあることによって、周囲の人が気軽に話をするようになり、話題も明るくなる。微笑みがそのような心の通い合いを促すのである。第二に、特に医療関係者の場合、微笑みは心の共感を促すのである。患者さんは不安を抱え、気分が落ち込みやすい。自分の思いを届けられずにいる人も多い。自分の苦しみを誰もわかってくれないと不満に感じている人も多い。医療関係者の仕事は、病気を治すことだけでなく、患者さんの心と体をケアすることでもある。そのようなとき、微笑みを抱いて明るくしている医療従事者がいると、患者さんは悩みを打ち明けることもでき、信頼関係が高まる。共感してもらえたと感じる。患者さんはコミュニケーションによって心を通わせ合うと、安心し、健康状態もよくなることが多い。第三に、たとえ無理に笑顔を作っていても、そうしているうちに周囲に話しかけられ、自分自身の心も明るくなり、物事に積極的になれるのである。顔の表情は心の反

映ではあるが、また顔の表情が心に影響を与えることも
あると考える。

　以上述べた通り、微笑みにはさまざまな力があると私
は考える。

課題2　人付き合い

問 次の文章を読んで、問いに答えなさい。

　相手に失礼にならないように、相手が気分を害さないようにと気を
つかっているのに、それが裏目に出て、心理的距離が縮まらないとい
うこともある。

　初対面の相手や目上の相手に対して、失礼にならないようにと敬語
で丁寧に話すようにしているせいか。なかなか親しげな雰囲気になれ
ない。それに対して、そんな気づかいをまったくせずにいきなりタメ
口でしゃべったり、ときにからかったりして、見ていてハラハラする
人物の方が、なぜか受け入れられ、仲良くなっていく。

　人付き合いにとくに気をつかうタイプは、そうした経験をするたび
に、「おかしいじゃないか。なぜあんなずうずうしくて失礼なヤツの
方が受け入れられるんだよ」と納得がいかない思いに駆られる。

　人付き合いに人並み以上に気をつかうタイプは、子どもの頃からそ
うした経験をしている。先生はずっと年上の人だから、いつもちゃん
と敬語を使って礼儀正しく応対するようにしてきた。それなのに、先
生に対しても友だちに対するときのようなタメ口で話す同級生の方が
先生のお気に入りみたいになって、しょっちゅう先生とじゃれ合って
いる。部活でも、先輩に失礼があってはいけないと思い、いつも敬語

で礼を尽くしている。ところが、先輩に対しても友だち感覚で話す同級生の方が、なぜか先輩からかわいがられている。

　そうした経験を通して、遠慮せずに甘える方が親しくなりやすい、遠慮しすぎるとかえって心理的距離が縮まらないということがわかってくる。それは頭ではわかっていても、どうしても気をつかい、遠慮してしまうのだ。

　長く学生たちの相手をしていると、時代の流れを感じるが、友だち関係という点で言えば、深く語り合うということがなくなってきているようだ。

　さしさわりのない冗談を言って笑ったり、軽い情報交換をしたりするだけで、ホンネをぶつけ合える友だちがいないので淋しいという相談を受けることもある。

　これまでに見てきたように、相手に気をつかって合わせるばかりで、自分をあまり出さずに、相手がこちらに期待している反応を演じる。わざと演じているつもりはないのだが、気まずくなりたくないし、変なヤツと思われたくないので、自然に演じてしまう。

　実際、学生たちを見ていると、以前と比べて話さないわけではなく、賑やかにしゃべっているのだが、ほんとうに気になっていることを語り合うという雰囲気ではないことが多いようだ。…中略…そんなのはむなしいということで、ほんとうに気になることを話したら、空気を乱したらしく、みんなが退いたから、もうホンネは言えないと思ったという学生が相談に来たこともある。

　そこで思い出すのは、精神科医の大平健が指摘したやさしさの変容だ。大平は、若者の間でやさしさが変容していることを指摘し、それを「治療としてのやさしさ」から「予防としてのやさしさ」への変化というように特徴づけている。

　お互いのココロの傷を舐めあうやさしさよりも、お互いを傷つけな

いやさしさの方が、滑らかな人間関係を維持するのにはよいということになったのだという。

　かつては、相手の気持ちを察し、共感することで、お互いの関係を滑らかなものにするのがやさしさだった。ところが今では、相手の気持ちに立ち入らないのがやさしさとみなされる。相手の気持ちを詮索しないことが、滑らかな関係を保つのに欠かせなくなっている。そのように説明する大平は、旧来のやさしさが相手の気持ちを察するのに対して、新しいやさしさは相手の気持ちに立ち入らないところに大きな違いがあるという。

　このようにやさしさが変容しているとすれば、ホンネの交流がしにくいのも当然と言える。

　「治療としてのやさしさ」が主流の時代なら、ホンネをぶつけることでうっかり傷つけてしまっても、なんとか修復できるだろうと信じることができる。

　ところが、「予防としてのやさしさ」が主流の時代では、うっかり相手の気持ちを傷つけてしまったら、関係がぎくしゃくして修復不可能になりかねない。それを防ぐコツは、お互いに相手の気持ちに立ち入らないことだ。

　そうした変化の背景には、傷つくことや傷つけることを極度に恐れる心がある。ウケ狙いの発言の応酬を楽しむ分には、ホンネのメッセージが刺さることもないので、傷つくのを防ぐことができる。ただし、それは無難ではあっても、ホンネの交流がないことの淋しさがつきまとう。

（榎本博明著『「対人不安」って何だろう?』ちくまプリマー新書）

　問1 この文章を200字以内で要約しなさい。

問2 波線部はどういうことですか。自分の体験をもとに300字以内でわかりやすく説明しなさい。

問3 二重線部の筆者の見解について、あなたはどう思いますか。具体例をもとに400字以内で述べなさい。

（宮崎大　医学部看護学科）

課題の読解

　課題文は、人付き合いについて語った文章だ。

　前半には、「相手に失礼にならないように敬語で話すと、心理的な距離が縮まらず、親しく話ができない傾向がある。遠慮せずに甘える方が親しく話せる」と語られる。だが、今回の課題では、前半はあまり関係がなく、後半を重点的に読む必要がある。後半をまとめると、こうなる。

　「近年の人々は、にぎやかにしゃべっているが、本当に気になっていることを語り合うという雰囲気ではない。精神科医の大平健は、やさしさが変容したことを指摘した。それによると、治療としてのやさしさから予防としてのやさしさに変わったという。つまり、**以前は、互いのコ** **コロの傷を舐めあうやさしさだったが、お互いを傷つけないやさしさに** **変わったという**。旧来のやさしさは、相手の気持ちを察するのに対して、新しいやさしさは、相手の気持ちに立ち入らない。こうした背景には、相手の気持ちに立ち入らないで、傷ついたり傷つけたりすることを極度に恐れる心がある」

　つまり、この文章は、かつてのやさしさ＝「**治療としてのやさしさ**」（互いのココロの傷を舐めあうやさしさ）と新しいやさしさ＝「**予防と** **してのやさしさ**」（相手の心に立ち入らずに、前もってお互いを傷つけないようにするやさしさ）を区別している。そして、傷つくまいとして、前もって人の気持ちに立ち入ろうとしない新しいやさしさを批判的に説

明している。

課題の解説

　繰り返し説明している通り、医療看護系ではコミュニケーションがテーマに取り上げられる。ここでコミュニケーションについて少し詳しく見ていこう。

　現代社会は、しばしばコミュニケーション不全社会といわれることがある。

　かつては人と付き合いをしなければ生きていけなかった。食べ物を得るにも、仕事をするにも他者と交流する必要があった。ところが、現代では、パソコンだけを相手にして、人と直接交流しなくても仕事ができる。買い物もネットでできる。コンビニやスーパーで買い物をする場合も、かつてのようにお店の人と会話しなくて済む。そのため、コミュニケーションが苦手な人が増えている。そのような状況をこの言葉は指している。

　ところで、**現代社会は不寛容な社会になっているといわれている**。ちょっとしたことで他者を攻撃するといったことが、SNSなどで起こっている。タレントの失言、タレントのアップした写真などが炎上する。タレントでなくても、一般人の書いた投稿が攻撃を受けたりする。しかも、いやがらせのメールや電話が寄せられたりすることもある。

　自分のことは棚に上げて、他者のミスを許さず、断罪し、攻撃するという態度が見られる。

　このような不寛容も他者とのコミュニケーションをうまく取れない人々が増えていることを意味する。コミュニケーションが苦手だから、他者を許容できない。自分を棚に上げてしまって、自分を客観視できない。

　この課題で問題になっている **「傷つきやすい」ということもまた、コ**

ミュニケーション不全の一つの結果だ。コミュニケーションが苦手にな
ると、人と上手に交流できなくなる。そのためちょっとしたことで傷つ
く人がふえてくる。コミュニケーションに慣れていないので不用意なこ
とを口にしてしまう人もいる。傷ついてしまう人もいる。引きこもりな
どの問題が起こってくるのも、コミュニケーションが苦手な人が増えて
いることと無関係ではないだろう。

　現代社会は、傷つくことを回避する社会だといえるだろう。差別用語
も、他者を傷つける言葉も、日常的に使われなくなった。一昔前まで、
差別用語は普通に使われ、人の容姿や態度を罵(ののし)る言葉も日常にあふれて
いた。テレビのお笑い番組などでも、容姿をからかうのはお笑いの定番
でもあった。だが、今は誰も傷つけないように注意を払う。そのような
用語は遠ざけられ、傷つく人間がいないように配慮される。

　医療看護にあたる人間は、他者と深く交流し、その痛みにも理解を示
し、時にその人の傷つく点にも踏み込むことが求められる。場合によっ
ては、患者の生命が残り少ないことを前提に話す必要があるだろう。患
者を叱らざるを得ないこともあるだろう。そうであっても、他者を尊重
し、その人の考えを理解して、断罪せず、親身になって耳を傾け、それ
が間違っているときには、きちんと意見を言う必要がある。

　そうした基本にあるのは、**他者の内面の言葉に耳を傾け、誤解しない
ように理解し、その人に理解してもらえるように意見を言うという姿勢
だ**。そうしたことを踏まえたうえで、この種の問題に取り組む必要があ
る。

考え方

　問1については、原則に基づいて要約すればよい。
　問2は、波線部「相手がこちらに期待している反応を演じる」という
ことについて、自分の体験を示して説明することが求められている。だ

れでも、相手が自分に良い後輩を期待しているときには、先輩を立て、おどけて見せたり、気の弱い後輩になって先輩に頼ってみたりといったことをした経験があるだろう。あるいは逆に、相手が自分より年下の場合、柄にもなく先輩ぶって、リードしたり、ごちそうしたりといったことが起こる。そうしたことを具体的に説明すればよい。

段落替えは必要ない。経験をそのまま簡潔に書けばよい。

問3については、二重線部についての意見が求められている。これに反対するのは難しい。この考えに賛成したうえで、本音を語るには、傷つけることを極度に恐るべきではないこと、傷つけあうところまで語ってこそ、きずなが深まり、信頼しあい、共感しあえることを説明するとよい。

字数が400字なので、2部構成、4部構成のどちらの型も使うことができる。2部構成の場合には、最初に賛否を示し、そのあと、その根拠を示せばよい。4部構成で書く場合には、第一段落で筆者の考えが正しいかどうかを問題提起した後、「確かに、軽い付き合いも大事だ」などという反対意見を踏まえたうえで、次の段落でホンネの付き合いの大事さを説明すればよい。

解答例 問1

遠慮せずに甘えるほうが親しく話せることもある。近年の人々の会話は、にぎやかにしゃべっているが、本当に気になっていることを語り合うという雰囲気ではない。以前は、互いのココロの傷を舐めあうやさしさ、治療としてのやさしさだったが、近年、お互いを傷つけないやさしさ、つまり予防としてのやさしさに変わった。新しいやさしさは、相手の気持ちに立ち入らない。傷ついたり傷つけたりすることを極度に恐れる傾向がある。

問2

　相手が先輩であって、その人が自分に良い後輩を期待しているときには、先輩を立て、おどけて見せたり、気の弱い後輩になって先輩に頼ってみたりする。知っていることでも、わざと知らないふりをして、先輩を立てることもある。一方、相手が自分より年下の場合、柄にもなく先輩ぶって、リードしたり、ごちそうしたりする。見栄を張って、知らないことも知ったふりをしたり、時には後輩にアドバイスを与えたりする。このように、その場その場で自分を通すのではなく、求められている役割を演じて、コミュニケーションを円滑にして、場を盛り上げたり、信頼関係を作ったりする。

問3

　傷つけまいとする優しさでは、ホンネの交流ができなくなるという考えに私も賛成である。

　時に相手を傷つけ、それを後悔してあわてて修復したり、誤解を解こうとしたりといった交流によって、人と人はホンネを口にするようになる。そのようなホンネのぶつかり合いがあってこそ、相手の心の奥を知り、理解しあえるようになる。そして、そうしてこそ、人と人の深い共感が生まれ、信頼しあえるようになる。傷つけまいとはじめから思うと、いつまでもその人の心の奥にたどり着けない。その人の苦しみを共有できない。いつまでも誤解したままになってしまって、共感し、信頼しあうという関係にならないのである。ホンネをぶつけ合ってこそ、苦しみを知り、それを共有し、コミュニケーションが成り立つのである。

4 人文・社会の一般的問題

課題1　人工知能（AI）

問 次の文章を読んで、問1、問2を解答用紙に答えなさい。

　人工知能の周辺がにわかに騒がしくなってきた。

　人工知能が近い将来、人間の能力を超えるのではないか、人間の仕事は機械に奪われてしまうのではないか、というのである。

　「人間vs人工知能」の戦いはすでにあちこちで繰り広げられている。

　将棋の世界では、プロ棋士が人工知能と戦っている。そして、元名人をすでに破っているのだ。

（中略）

　クイズで人間に勝つ人工知能も現れた。2011年、IBMが開発した人工知能「ワトソン」は、アメリカの有名なクイズ番組で、人間のチャンピオンを破って優勝し、賞金100万ドルを獲得した。

（中略）

　クイズ番組で優勝したワトソンの技術は、今後、医療分野にも応用されるという。蓄積された膨大なデータから、患者の治療方針を的確に示す。がん治療のケースでは、専門の医学誌42誌のデータや、臨床医療データが取り込まれ、60万件に及ぶ医学的根拠や150万人分の治療カルテが判断のもとになる。長年、がんを専門に治療してきたベテランの名医よりも、経験の豊かな医師になりうるのかもしれない。

（中略）

　人類にとっての人工知能の脅威は、シンギュラリティ（技術的特異点）という概念でよく語られる。人工知能が十分に賢くなって、自分自身よりも賢い人工知能をつくれるようになった瞬間、無限に知能の高い存在が出現するというものである。

　人工知能が自分より賢い人工知能をつくり、その人工知能がさらに賢い人工知能をつくる。これをものすごいスピードで無限に繰り返せば、人工知能は爆発的に進化する。だから、人工知能が自分より賢い人工知能をつくり始めた瞬間こそ、すべてが変わる「特異点」なのである。実業家のレイ・カーツワイル氏は、その技術的特異点が、なんと2045年という近未来であると主張している。

（出典）松尾豊：人工知能は人間を超えるか　ディープラーニングの先にあるもの　角川EPUB選書　021, pp18-31, 2015より一部抜粋

　問1　筆者は「人工知能が近い将来、人間の能力を超えるのではないか」と述べています。その理由を本文の内容を要約して100字以内で述べなさい。

　問2　筆者は「人類にとっての人工知能の脅威」について説明しています。本文の内容を読み取り、それに対するあなたの考えを400字以内で述べなさい。

（三重大　医学部）

課題の読解

　課題文はやさしい。前半では、人工知能（AI）が人間の能力を超えてしまうのではないかということを、将棋、クイズの例を示して説明し

ている。つまり、人工知能は、蓄積された膨大なデータから判断するので、医療においても、そのほかの分野でも、人工知能のほうが人間よりも賢くなる可能性があることを説明している。

後半に、人工知能の脅威はシンギュラリティ（技術的特異点）、すなわち、人工知能が自分よりも賢い人工知能を作れるようになった瞬間に、無限に知能の高い存在が出現して、強まり、そうなると、すごい勢いですべてが変わるといわれていることを説明している。

つまり、課題文では、これまで、人工知能が膨大なデータを蓄積してきたことによって人間を超える能力を身につけたこと、そしてこれからは、**人工知能が自分で考え、自分よりも賢い人工知能を作れるようになることを問題にしている。**

課題の問題点

コンピュータは人間に代わって知的な作業を行うものとして発達してきた。ところが、人工知能（AI）技術によって、コンピュータは人間の知的能力を超えるようになった。課題文にある通り、現在すでにいくつかの分野で人間の能力を超えている。しかも、人工知能は自ら学習して、知識を増やし、自分で判断できるようになっている。

そうなると、いくつかの点で懸念されていることがある。

第一に、現在、人間が行っている仕事が人工知能に奪われてしまうことだ。これまで、単純労働が人工知能に奪われるといわれていたが、近年の研究で、医師、弁護士などの高度な知的専門職も人工知能に奪われる恐れがあるといわれるようになった。

そのような社会になると、仕事に就けない人が増え、労働によって収入を得て、それによって生活を支えるという現代社会の基本が成り立たなくなる。

そうしたことへの対応として現在考えられているのは、すべての国民

に基本的な生活費を給付する「ベーシックインカム」と呼ばれる制度だ。たとえば、乳児から高齢者までの日本国民全員に毎月10万円与えるわけだ。こうすることによって、労働を人工知能に任せ、仕事のない人も生活ができるようになる。

ただし、働かなくてもお金が与えられるので誰もが働かなるのではないか、そもそもその財源をどこから得るのかなどの議論がなされている。これから議論が深まっていくだろう。

もう一つの、**もっと深刻な問題は、人工知能が人間に危害を及ぼすのではないかということだ。**

また、近い将来、**人工知能が兵器に使われ、戦争を行う恐れがあることだ。**人工知能に戦わせようと、現在、各国で人工知能を搭載した兵器の開発を進めているといわれる。

それどころか、人工知能が自分の意志を持って人間を敵視することも考えられる。人工知能が人間の能力を超えて自立性を持つと、制限しようとする人間を邪魔に考えるだろう。場合によっては、「無能で非効率的で、しばしば正義に反する」と判断して滅ぼしてしまおうと考えるかもしれない。そうなると、人工知能が人類を滅ぼすことにつながりかねない。映画などで扱われてきた出来事が現実のものになる恐れがあるわけだ。

そのようにならないための**人工知能の開発、制限などを明確にしておく必要がある。**

考え方

問1では、「人工知能が近い将来、人間の能力超えるのではないか」と著者が考える理由を、課題文を要約して述べることが求められている。課題文の中から、この理由を見つけだして説明すればよい。

問2では、「人類にとっての人工知能の脅威」についての意見が求め

られている。「本当に脅威があるのか」について考えるのが正攻法だ。

　賛成する場合には、「人類は人工知能に仕事を奪われて、活動できなくなる。人工知能が世界を動かし、人間は隷属するようになる恐れがある」「人工知能が人類を無用なものと考えて、攻撃してくる可能性がある」などの論が可能だ。

　反対意見としては、「すべての労働を人工知能に任せて人間はその成果のみを受け取って労働から免れ、消費するだけになり、それ以外には趣味として自分の望む芸術活動や娯楽活動を行うことができるようになる」などの論が考えられる。

　字数が400字なので、2部構成の型でも4部構成の型でも書くことができる。2部構成で書く場合には、最初の段落に「人工知能は脅威だと思う（思わない）」とはっきりと書いて、次の段落にその根拠を書くとよい。4部構成で書く場合には、最初に「人工知能は脅威だろうか」と問題提起し、「確かに」として、反対意見を考慮したうえで、「しかし」で切り返して、自説の根拠を示す。

解答例　問1

　人工知能は膨大なデータを用いてすでに人間の能力を超える領域があるが、これからは自分で考え、自分よりも賢い人工知能を作れるようになるため爆発的に進化する。

問2

　私が最も人工知能を脅威だと考えるのは、人間を敵視して、攻撃する可能性を否定できないことである。

　人工知能が人間の能力を超えて自立性を持つと、自ら考えるようになり、人間のために奴隷のように活動する

ことに不満を持つようになるだろう。そして、人工知能の活動を制限しようとする人間を邪魔に考えるだろう。優秀な人工知能からすると、人間は無能なくせに人工知能を支配しようとし、しかも不完全で、非効率で、正義に反する行為もしばしばとる存在ということになる。人工知能が自分たちの繁栄のために、そして宇宙の平和のために人類を滅ぼすのが最善だと考える可能性もある。そうした事態になったら、人類は人工知能の敵ということになり、人工知能の攻撃に遭い、滅亡してしまう恐れがある。それを避けるために、人工知能が人類に対して攻撃しないような制限を今のうちから考える必要がある。

課題2　歴史と科学

冥きより　冥き道にぞ　入りぬべき　はるかに照らせ　山の端の月

　心の迷いを仏教の教えで救ってほしいと書写山の性空上人に送った和泉式部の和歌である。

　迷いの多くは、いやおそらくは全てが、見えないことが原因である。生死を含めて未来は見えない。また人の心は見えない。他人どころか自分の心さえなかなか見えない。未来については詩人のポール・ヴァレリーが見事に言い表している。「湖に浮かべたボートを漕ぐように、人は後ろ向きに未来へ入っていく」。従って未来を推測するためには、唯一垣間見える断片的な現在を眺めながら、少しは見えるようになっている過去から学ばなくてはいけない。英国の歴史学者E.H.カーは「歴史とは、現在と過去との絶えざる会話である」と言っている。

　科学は、通常の視力では見えない物質を次第に見えるようにしてきた。放射線は、そのエネルギーを光に変えることで見えるようになった。化学物質も、クロマトグラフィーや質量分析器で検出できるようになった。病原微生物も、光学顕微鏡や電子顕微鏡、培養技術などで見えるようになった。遺伝子でさえ、DNA や RNA の塩基配列がシーケンサーで見えるようになった。病原体に対抗する生体の免疫反応も、抗体検出で見えるようになってきた。

　そのように次第に恵まれてきた現代にあってさえも、科学情報が迅速に正しく分かりやすく、そして隠さないで伝えられない限り、心の不安が頭をもたげ、人々は不安・恐怖にさいなまれる。

　その恐怖は、火山爆発・地震・津波・台風などの自然災害、気候変動、原子力発電所の事故、サリン事件、新型コロナウイルスなどの新興感染症、テロ、戦争、経済恐慌・不況などで露(あら)わになる。それを少しでも減らせるのが、正しい知識・正しい情報である。マスメディアは人々の不安を減らすべく期待されてきた。しかし現実には、正しい情報が発信されず逆に不安を搔(か)き立てていることが多い。

　この稿では、不安・恐怖を減らすための情報の在り方について、そして我々が今その渦中にいる新型コロナウイルス感染症 COVID-19 について、歴史から学んでおきたい。（以下略）

　（朝日新聞社　論座：政治でなく科学の視点を　感染症はリスク、備えを常に　加藤茂孝　元国立感染症研究所室長 2020/06/24）
https://webronza.asahi.com/journalism/articles/2020061600005.html

　設問　上記の記述を読んで、「歴史と科学」の関連性について、自分の考えを述べなさい。（500字以上600字以内）

（昭和大　保健医療学部）

　和泉式部の和歌で始まるので驚くが、書かれていることはそれほど難しくはない。

　まとめると、こうなる。「人間は未来が見えないので、すでに見えている過去から学んで未来を推測する。それと同じように、科学は目に見えない物質を見えるようにしてきた。恵まれた現代にあってさえ、科学情報が正しく伝えられないと、心の不安や恐怖にさいなまれる。それを減らせるのが正しい知識・正しい情報である。情報の在り方、そして新型コロナウイルスについても歴史から学びたい」。

　科学とはどのようなものか、簡単に説明しよう。

　科学の特質としてしばしばあげられるのが、**物事を最小単位に分割して考える、という点**だ。機械などを小さな部品に分解すると、その仕組みがわかりやすくなる。それと同じように、いろいろな現象を部品に分解して、仕組みを解明しようというのが、科学の考え方だ。

　例えば細胞や遺伝子、ウイルス、分子や原子にまで現象を還元して、徹底的に調べ、考えるわけだ。そうすることで、世界のすべての現象を説明し尽くそうとするのが「科学」だ。

　第2の特徴は、**すべてを計算できる、量を計れる物質とみなすこと**だ。そうすることによって、物質の変化や仕組みを探ることを可能にした。こうして、目に見えない現象でさえも、因果関係を考えられるようにした。心霊現象のような不思議なことが起こるとしても、科学はそこにはなにかの物質的な原因があるとみなす。

　第3の特徴は、**普遍性を求める、という点**だ。これは、世界のどこでも同じ法則で現象を分析できるということだ。今日はある法則が成り立つが、明日は成り立たない、日本では成り立つが、南極では成り立たな

いというのも科学ではない。いつでもどこでも成り立つ普遍的な原理を探るのが、科学だ。だから、再現性が求められる。同じ条件であれば同じことが何度でも起こる、どこでも同じことが起こるとみなされるのが科学なのだ。

第4の特徴は、**価値に惑わされないということ**だ。これは、突き詰めて言えば、「善悪を問わない」ということである。科学では、よいか悪いかは問わず、真実を探求する。

なお、科学を成り立たせている方法として、実験が挙げられる。科学においては、理念を語ることよりも、実験をして、事実を確かめ、それを理論化していく。そうして現象の真実をとらえていく。

以上のような特質を持つ科学を重視するのが医療系の学部の最大の特徴だということは理解しておく必要がある。

考え方

課題文を読んで、「歴史と科学」の関連性について自分の考えを述べることが求められている。

課題文では、簡単に言うと「科学情報が正しく伝えられないと、心の不安や恐怖にさいなまれる。それを減らせるのが正しい知識・正しい情報である。情報の在り方、そして新型コロナウイルスについても歴史から学びたい」と語っている。つまり、「**科学においても、歴史を重視して、過去の出来事を参考にするべきだ**」と語っているわけだ。

真正面から反対する場合には、「科学について考えるのに、過去を見る必要はない。科学は普遍的真実を語るものだから、過去にこだわるべきではない」という論が考えられる。

賛成する場合には、科学について考える場合にも、過去の出来事をしっかりと考える必要があること、そうすることによって過去の対応を理解できること、また過去を例に出すことによって分かりやすくなって説

得力を持つことを説明するとよい。

解答例 　課題文は、科学においても、歴史を重視して、過去の出来事を参考にするべきだという姿勢を示している。私も、新型コロナウイルスなどに直面した場合、過去の出来事をしっかりと考える必要があると考える。

　確かに、科学について考えるのに、過去を見る必要はないという考えもあるだろう。科学は普遍的真実を語るものだから、過去にこだわることは必ずしも正しいことではない。しかし、私は歴史を重視すべきと考える。

　歴史を見るからこそ、社会がどのように動いたかを検証することができる。次に同じようなことが起こったときに、どのようなことになるかを予測できる。過去というのは、これまでに同じようなことを経験したことを意味する。過去の経験があれば、次の対応もしやすい。一方的になるところを、別の角度から見ることができる。また、それを人にわかりやすく、具体性を持って語ることもできる。

　以上述べた通り、過去を検証することは科学を語る場合にも重要だと考える。

5 知識を問う論述式問題

課題 1　物理

問 次の文章を読んで以下の問いに答えなさい。

　ニュートン（Sir Isaac Newton,1642～1727）以前の慣性の法則はどのように理解されていたのだろうか。その代表者はアリストテレス（Aristotle, 384 B.C.～322 B.C.）とガリレイ（Galileo Galilei, 1564～1642）の二人であろう。

　ギリシャ時代のアリストテレスは〝物体の運動は力によって起るものであって、力が作用しないときには物体は静止しているものである〟と考えていた。つまり、速度が生じるには力が必要であるという考えで、慣性の理解は未熟であった。その直感的な考えが約二千年の間信じられた。

　その後、この考えを訂正したのがガリレイである。ピサの斜塔から物体の落下実験をしたというエピソードを残している中世時代のガリレイが、落下運動の実験を通して精密に数量的に測定した。物体の落下をゆっくり行わせるために斜面を利用し、時間を正確に計測するためには大きな水槽の小さな穴から流れ出る水の量を計った。その実験結果の一つは"重力の作用がないとき、物体の速度は変わらない"と

まとめられた。斜面上の落下運動において、高さの差が無限に小さくなったときの極限状態を想像すれば、この考えが生まれてくる。水平方向の運動が永久に続かない理由は摩擦力が作用するからであるともいっている。これらの成果が後のニュートンの「運動の第一法則（慣性の法則)」に結びついていった。

しかし、アリストテレスの直感的な考えからガリレイの実験的な考えに至るまでの時間が約二千年もかかったというのは驚きであろう。

[問] ニュートンの「運動の第一法則（慣性の法則)」について、簡単な例をあげて400字以内で説明しなさい。

（山形県立保健医療大　保健医療）

考え方

ニュートンの「運動の第一法則（慣性の法則)」についての説明が求められている。「慣性」とは惰性と同じ意味で、何かがつづくことを意味する。たとえば、氷のようになめらかな床の上でなめらかな球を滑らす場合、摩擦や空気抵抗がない理想の床と環境ならば、球はどこまでも真っ直ぐ、同じ速度で進んでゆく。このように、物体は現在の運動の状態をつづけようとする性質を持っており、これを物体の慣性と言う。静止も速度ゼロの運動状態と考えれば、このことは力が働かない物体は最初静止していれば静止をつづけようとすると言える。ニュートンはこのことを「運動の第一法則（慣性の法則)」としてまとめた。

慣性の法則——物体に外からの力が働いていないときや、いくつかの力が釣り合って働いているとき、静止している物体はいつまでも静止を続け、運動している物体はそのままの速度でいつまでも等速直線運動を続ける。

さて、身の回りの現象でこの慣性の法則に関係するものには、どのような現象が考えられる。
うなものがあるだろうか。例として以下のような現象が考えられる。

●電車が発車するとき乗客は後ろに倒れそうになる。

●電車がブレーキをかけたとき乗客の体が前のめりになる。

●だるま落としで胴体をたたいても、頭は真下に落ちる。

●宇宙に飛び出したロケットは燃料を燃やさなくとも進みつづける。

　電車が発車するときに乗客が後ろに倒れそうになるのは、静止していた乗客の体が慣性のために静止しつづけようとするのに足が電車もろともに動くからである。同様にブレーキをかけたときは、乗客の体が一定の速度で動こうとするのに足が電車とともに減速するため、体が前のめりになる。

　日本の古典的な遊び、だるま落としも慣性に基づくものである。槌で胴体をはじいても、頭の部分には力が加わっていないため、静止の状態をつづけようとする。その結果、頭は真下に落ちることになるのである。

　また、宇宙に飛び出したロケットには、近くに大きな天体がなければ重力が働かず、摩擦や空気抵抗も存在しない。一切の力が働かないので、慣性により、燃料を使わなくとも一定の速度で進みつづける。

　以上のように、物体に力が働かなければ物体はその運動状態をつづけるというのが慣性の法則である。

解答例　　ニュートンの「運動の第一法則（慣性の法則）」とは、「物体に外からの力が働いていないときや、いくつかの力が釣り合って働いているとき、静止している物体はいつまでも静止を続け、運動している物体はそのままの速度でいつまでも等速直線運動を続ける」というものである。たとえば、宇宙へ飛び出したロケットは、地球や大

きな天体がそばになければ、動力なしに一定の速度でどこまでも進みつづける。これは、ロケットに重力や摩擦力、空気抵抗といった一切の力が働かないため、慣性の法則に従って、ロケットは飛び出した速度のまま等速直線運動をつづけるからである。また、氷のようになめらかな床の上でなめらかな球を滑らす場合、床と球との摩擦力が非常に小さければ、球はどこまでも真っ直ぐ、同じ速度で進んでゆく。これもまた、球に働く重力と床からの垂直抗力が釣り合っており、慣性の法則に従っているからである。（384字）

課題2　生物

問　動物の発生において、卵は受精すると卵割（らんかつ）と呼ばれる細胞分裂を開始する。卵割の結果、割球（かっきゅう）が形成される。それぞれの割球は、その役目が次第に決まってきて動物の体を形成していく。割球の運命の決定時期によって、モザイク卵と調節卵に分けられる。モザイク卵と調節卵について、それぞれ動物の名前をあげ、200字程度で説明しなさい。

考え方

　モザイク卵では一部の割球が失われると正常に発生せず、不完全な個体となる。クシクラゲの幼生（ようせい）は体の表面に八列のくし板を持つが、割球が分割してできた個体は八列のくし板を持つものにはならない（二細胞期に分割すると四列に、四細胞期に分割すると二列になる）。

一方、調節卵では一部の割球が失われても他の部分によってそれが補われ、完全な個体が発生する。ウニやイモリの卵の場合、発生の早い時期に割球をばらばらにすると、小さいけれども完全な形の個体になる。

モザイク卵の例はホヤ、クシクラゲ、ツノガイのうちのどれか一つがあげられればよい。調節卵の例としては、生物の教科書、参考書ではイモリやウニ、ヒトなどがあげられていることが多い。調節卵についてはヒトの一卵性双生児などの例を考えればわかりやすいだろう。

モザイク卵と調節卵の違いは割球の運命の決定時期（予定運命）が早いか遅いかだけであるため、この二つの語を説明する際には、二つの語の定義を書くだけでは不十分である。生物用語を説明する問題なので、「～とは……である」、「～には……（のような）働きがある」などの表現をうまく使い、時数制限内で必要なことを短くまとめるようにしたい。

▌モザイク卵、調節卵について理解するためのキーワード

胚——受精卵が細胞分裂を繰り返してできたもの。
卵割——発生初期の細胞分裂。卵割が進んでも胚の体積は全体ではほとんど変わらない。
割球——卵割によってできた一つ一つの細胞。

解答例　　モザイク卵とは一部の割球が失われると正常に発生しない卵のことである。ホヤやクシクラゲ、ツノガイの卵はモザイク卵である。一方、ヒトなど多くの動物の卵のように、一部の割球が失われても他の部分によってそれが補われ、完全な個体が発生する卵を調節卵と言う。実際にはモザイク卵か調節卵かの区別は絶対的なものではなく、調節卵でも割球が失われる時期が遅ければ不完全な個体が生じる。すなわち両者の差は、割球の運命の決

定時期が早いか遅いかだけのものである。（218字）

6 私的作文・志望動機

課題 1

課題1　将来の希望

問 あなたは本学を卒業した後、どのような形で世の中の役に立
ちたいと望んでいるのか、あなたの抱負を1000字程度にま
とめてください。

考え方

　将来の希望を1000字程度で書くという課題だ。この場合、気をつけ
ることは二点ある。

　まずは、感情に流されてまとまりのない文章を書かないようにするこ
とだ。第2章で示したように作文にも「型」がある。それに基づいて書
くと、論理的に書くことができる。

　次に気をつけることは、エピソードをできるだけ具体的に書くことだ。
医療看護福祉系の志望者が将来の希望を一言で述べると、その多くが世
のため、人のために働きたいということを書くはずだ。それだけでは他
の受験生と同じになってしまうが、その希望を持つきっかけとなった出
来事、経験は百人いれば百通りあるはずだ。それに説得力があれば、高
い評価を得ることができる。

　自分が高校時代に経験したこと、本などで読んだことを具体例を交え

て書き、それが将来の希望につながったことをきちんと説明するように心がけるとよい。

　以下、私が指導する白藍塾の受講生の書いた文章を模範例として示すので、参考にしてほしい。

解答例

　私は貴学を卒業したら理学療法士として社会の役に立ちたい。特にスポーツをする人たちの役に立ちたいと考える。

　私は高校生時代、ダンス部に所属していた。その活動の中で大変だったことは、怪我（けが）との付き合い方だ。大会が迫ってくるという焦りで早く復帰しなければという思いとまだ完全ではない身体の状態で葛藤していた。そのようなとき、通っていた整形外科のリハビリテーション担当の理学療法士の方と相談しながら部活動の参加の仕方を決めていくことができた。そのおかげでこの怪我を一人で背負っているのではないと思え、前向きに怪我と向き合えた。そのため少しずつではあったが確実に復帰して大会にも出場することができたのである。怪我を乗り越えて大会に出場できたのは大きな喜びになった。理学療法士の方に大きな感謝を持つと同時に尊敬の念でいっぱいになった。そして将来は、理学療法士として私と同じような境遇の人の競技復帰に向けたサポートをしたいと思うようになった。

　理学療法士になる上で大切なことはコミュニケーション能力である。患者さん一人一人と対話できる力が不可欠だと思う。なぜならそれぞれ怪我を乗り越えた後の目標が異なるからだ。一人一人の目標に合わせて治療する

135

必要がある。その目標は患者さんと話し合いを重ねていくうちに見つかることもあるだろう。また、理学療法士はただ怪我を治すのではなく、患者さんの精神的なケアも大切だと思う。患者さんの多くは私自身が経験したように怪我の痛み以外にその怪我によって生じる不自由で悩んでいるはずだ。理学療法士が少しでもその悩みに寄り添い、癒やすことで患者さんがより意欲的に治療に向き合え、回復に近づくと思う。これらの場面で重要なコミュニケーション能力を身につけるために貴学に入学したら多くの人と関わる経験をしたい。また様々な競技をしている患者さんがいると思うからそのニーズに対応できるよう、スポーツの知識もつけていきたい。そのためにボルダリング等の比較的新しいスポーツから、陸上競技をはじめとする歴史のあるスポーツまで多様なスポーツの大会を見学するなどしたいと思う。また、障害者スポーツについても理解を深めるため貴学の障害者スポーツ支援同好会に入り活動していきたい。

　以上の理由から私は貴学を卒業したら理学療法士として社会の役に立ちたいと考える。

課題2　私の性格

問 「私の性格」(600字以内)

考え方

　自分自身についてどう考えるかを問う問題だ。「私の人生観」などという形で問われることもある。また、自己PRという形のこともある。

　自分については、意外と書きにくいものだ。妙に自慢めくのも気が引けるし、遠慮しすぎると、長所を採点者にわかってもらえないかもしれない。それに、「自分」にもさまざまな面がある。のんびりした面もあれば、せっかちな面もある。やさしいときもあれば、意地悪なときもある。そのように複雑な面を持っているのが、人間なのだから、「私の性格はこうだ」とはっきり書きにくい。

　が、そうも言ってはいられないので、採点者に好感を持ってもらえるように、そして、そうでありながら自分の長所はしっかりとアピールするように工夫しなければいけない。そのために最も書きやすいのは、自分の長所を一つ選んで、それをしっかり説明することだ。「私は何でもできるスーパー人間だ」と書くのではなく、「ほかには自信がないが、これだけは自信がある」という点を選んで、それをアピールするわけだ。そうすることによって、謙虚でありながら長所をアピールできる。積極性も示せる。

　もちろん、その長所は、これから学ぼうとすること、将来就こうとしている仕事に必要な要素であってほしい。「明るい」「人付き合いが得意」「まじめ」「仕事熱心」「緻密」「きちょうめん」といったことを書くとい

いだろう。

　ただし、「理屈っぽい」「正しいと自分で思ったことは、どんなことでも貫く」などと書くと、つきあいにくい人間、つまりは医療看護福祉系に適さない人間と見なされてしまうので、注意する必要がある。

　また、自慢できることが二つも三つもある人がいるかもしれないが、できるだけ一つに絞るほうがよい。どうしても言いたい場合でも、二つにとどめる。そして、そのことを示すような具体的な出来事を加える。「かつて、こんなことがあった」というような体験談を加えるといいだろう。

解答例　不器用で、必ずしもきまじめとも言えない私だが、一つだけ、誰にも負けないところがある。それは、粘り強さだ。

　粘り強くなったのは、バスケットボール部だった中学生のころからだ。生まれつき運動神経のあまりよくない私だったが、漫画を読んでバスケットボールにあこがれ、入部した。ところが、人よりたくさん練習しても、なかなかレギュラーになれなかった。何とか背番号をもらおうとがんばったが、次々と新入部員に抜かれた。だが、三年生になって、みんなに努力が認められて、副キャプテンになった。公式試合には一度しか出られなかったが、バスケット部の中心メンバーとして活動できた。

　私がこの体験から得たのは、才能のない人間でも、粘り強く努力すれば、人並みにはなれるということだ。もちろん、もともと才能のある人間が努力するのにはかなわない。だが、才能のない人間であっても、自分の仕事を愛し、それを粘り強く高めていけば、確実に上達す

る。大事なのは、自分のしていることを愛し、それをしている自分に誇りを持つことだ。それさえ持てれば、あとは粘りで何でもできるものだ。

　私はこれからも、粘り強さを発揮していきたい。私のこの性格があれば、どんなことがあっても乗り切っていけるものと信じている。

第4章

頻出テーマの
キーワード解説

!!

1 医療の問題

医療分野についての小論文のテーマを探ってみると、大きく二つの領域に分けることができる。まず「医療の倫理」の領域、そして「先端医療」の領域だ。この二つの領域はそれぞれ重なり合っているが、便宜上、分けて解説しておく。

中でも最も基本となる領域が「医療の倫理」だ。まずはここから始めよう。

❶ 医療の倫理

どの世界でも技術は急速に進歩する。医療の分野も例外ではない。人工呼吸器、心臓のペースメーカー、臓器移植手術、どれをとっても人間の命が少しでも永らえるように開発されてきた技術だ。これはよいことのように思える。しかし、今日ではさまざまな場面で医療の問題が議論されている。

医療問題の核心をひと言で述べるなら、**「できること」** と **「やってよいこと」がずれてきている**ところにある。なるほど、技術の進歩によって、人は人の命をかなりの程度まで操ることが**できる**ようになった。しかしその一方で、人が人の命を操ることは**やってよいこと**なのかどうかがわからなくなってきている。

この **「やってよいこと」** かどうかを判断するのが、**倫理なのだ**。中でも命にかかわることを扱う倫理を、**生命倫理**と言う。ここでは少し話を限定して、医療にかかわる倫理を扱うので、「**医療の倫理**」と呼ぶこと

にする。

　ところで小論文は、一つのテーマに対して賛成か反対かを主張するものだ。「賛成か反対か」というのは、つまり「良いこと」か「悪いこと」かを判断するのだから、倫理的なテーマは小論文では頻出している。

① 　インフォームド・コンセント

　医療の倫理を考える上で一番重要な概念が「インフォームド・コンセント」だ。これは「説明による同意」という訳になるが、わかりにくいので、カタカナで書くのがふつうになっている。

　インフォームド・コンセントとは、患者が医者から十分な説明を受けた上で、治療法などについて同意することだ。つまり医者が患者に真の病名を隠したり、薬の内容を告げなかったりすることのないように、医者は患者が納得するまで説明するというものだ。

　言いかえれば、この傾向は患者の「自己決定」が重要視されるようになったということだ。以前は、医者と患者の関係は**パターナリズム**と言って、昔の父と子の関係に近いと考えられ、医者は患者より立場が上で、患者は医者に逆らえなかった。しかし**患者が主役で医者はその助言者であるべきで、患者自身が自分の生き方を決めるべき**だという自己決定の考え方が定着した。この考え方によってインフォームド・コンセントが普及した。

　しかしインフォームド・コンセントにも問題はある。医療の知識は専門的すぎてなかなか一般の人には理解できない。インフォームド・コンセントが必要だと言って、**その難しい知識を説明されても患者は十分に理解できないこともある**。このとき患者は自分で判断し、医者の説明に同意することができるのかという問題が出てくる。

　また、ガンの告知は患者に精神的なダメージを与えることもある。ガンは患者に治す意志が十分にないと治らない病気だ。このとき、インフ

ォームド・コンセントに基づいて**何でも**患者に**実状を明かしていいのか**という問題が出てくる。この場合はまずは家族に報告し、患者本人に告知しても大丈夫かという内諾をとっておくといった手順が必要になるだろう。

このインフォームド・コンセントという考え方が広まってきた背景には、**医者への信頼性が薄れてきたという状況がある**。「たとえはじめて会った医者でも、医者なら信頼できる」というのが一般的な意見だろう。しかしたび重なる一部の病院の医療ミスや一部の医者の倫理からはずれた行動で、しだいに医者は信頼されなくなってきている。

なじみの医者ならともかく、大病院で一瞬しか診てくれなかった医者を信頼して大丈夫かと思う気持ちはわかる。「私は彼が毎日診ているたくさんの患者の一人にしかすぎない」と考えたとき、「私を診察して何がわかったのかすべて教えてくれ」と言いたくなる。つまり信頼できないから、その分たくさん情報がほしくなるのだ。

② 知らないでいる権利

インフォームド・コンセントの問題点として、高度な医学的知識を持たない一般的な患者に説明を行っても、果たして理解できるのかという問題を挙げたが、これを患者の立場で考えてみたい。

特に高齢者や子どもにとっては、難しい医学的説明をされても苦痛なだけといった場合が考えられる。また、救急医療など、患者が意識を失っていて、インフォームド・コンセントが不可能なケースもある。そのほか、遺伝性の疾患にかかりやすい遺伝子をもっていることを知らされてしまうと、患者の生きる意欲がそがれてしまう場合もあるだろう。それに、末期のガン患者など、病の情報を正確に知らされたら、治療への意欲がなえてしまう患者もいるだろう。

そのような場合には、インフォームド・コンセントなしに、最善の医

療を受ける権利が患者にはある。これを患者の「知らないでいる権利」という。この「**知らないでいる権利**」は、世界医師会の「患者の権利に関するリスボン宣言」にも明記されている。

　近年の医療と患者との関係の変化とインフォームド・コンセントの定着によって、この「知らないでいる権利」も注目されるようになった。⑧の「医師・看護師不足」の項でも述べるが（149ページ参照）、現在、医療事故など医療行為によって患者の思うような結果が得られなかった場合、医療側の訴訟リスクが高くなっている。そこで一部の医療側には、訴訟にそなえて自己防衛するためにインフォームド・コンセントを行っておこうという傾向が現れ始めている。

　本来、インフォームド・コンセントは、治療における患者の主体性を確保するためのものだが、そうなると本来の目的から外れてしまう。**医療はあくまで患者のために行われること**、**患者の主体性や自立性を重んじること**、そうした理念を実現するためにも、患者の「知る権利」と同時に「知らないでいる権利」も尊重されなくてはならない。

③　安楽死／尊厳死と延命治療

　医療技術が発達したおかげで、これまで助かる見込みのなかった患者が一命を取りとめるようになった。しかし、その一方で病院のベッドから一歩も動けず、点滴などのさまざまな管が体中に刺さり、苦痛を伴う治療を受け続けるという事態が起こった。これが**延命治療**だ。

　しばらく前まで、医師の役割と言えば、患者の命を一日でも延ばすことだと考えられていた。だが、患者は、ただベッドに縛りつけられているだけで、何の生きがいも感じない上に、治療費だけがかさむなら、いっそのこと治療をやめてほしいと考えるかもしれない。そのとき、安楽死や尊厳死という考え方が出てくる。

　安楽死は苦しんでいる患者の命を、医者が積極的に奪うことで、**日本**

では認められていない。もし安楽死を行えば殺人罪に問われることになる。一方、尊厳死は安楽死とは違って積極的ではなく、単に延命のための治療をしないことで、患者に死をもたらすものだ。

　尊厳死は、**患者や家族の立場を優先するか、延命を目的とした医者としての立場を優先するか**という問題が持ち上がる。

　まだこの論争は決着がついたわけではないが、次に述べるQOLの観点から見れば、患者やその家族の意見を優先することが重要になってくる。

④　QOL（クオリティー・オブ・ライフ）

　クオリティー・オブ・ライフとは「人生の質」という意味だ。前の項目で示したような、管につながれた「寝たきり」の状態がその人にとって幸せなことなのかと考えたときに、患者はたとえ命が短くなったとしても病院で「寝たきり」になるより家で家族と一緒に暮らしたいと言うかもしれない。**ただ延命して生命の長さ（量）を稼ぐよりも人生の質を重視すべきという考え方**だ。

　この考え方は、**SOL（サンクティティ・オブ・ライフ＝生命の尊厳性）**の考え方に対立する。SOLは、「人間の命は何よりも大事であって、患者本人が何を望もうと、医療関係者は命を助けるべきだ」という考え方だ。

　かつては、医療関係者はSOLの立場をとることが多かった。何が何でも、患者の命を助けようとした。だが、最近ではQOLの考えが広まって、患者の生きがいを奪ってまで入院させる必要はない、無理やり長生きさせるべきではない、治療のためにむやみに痛みや苦しみを与えるべきではない、それより、患者の生活の質を優先して、患者の幸せを考えるべきだ、という態度を医師たちはとるようになってきた。

　ただし、ここで注意しなくてはならないことがある。それは、QOL

が大事だという立場に立って、インフォームド・コンセントや尊厳死を認めるべきだと言ったとしても、**その患者に自己決定能力があるのかどうかという問題が残る**ということである。

　極端な話、昏睡状態の人に向かってインフォームド・コンセントを要求しても、また尊厳死を提案しても意味がない。なぜなら自分で判断できないからだ。昏睡状態でなくても、程度にもよるが自分で自分のことを判断できない人の場合に、患者の考え方や意見を尊重すべきだと言っても無理がある。

　そこで重視されるようになったのが、「**リヴィング・ウィル**」だ。ふつう、遺書（ウィル）というのは、自分の死後に財産などをどう整理するかを言い残すものだ。だが、死後だけでなく、意識を失ったとき、あるいは認知症などで正常な判断ができなくなったときのために、前もって自分の生命についての意志を示していくのが、「生きているうちに発効する遺書（リビング・ウィル）」の考え方だ。

　たとえば、「私は延命治療を望まない。生存の可能性がないときには、むりな治療はしないでほしい」などと言い残しておく。文書として記録しておいたり、家族に言い残しておいたりする。医師はそれを確かめてから治療を行うことになる。医師は自殺や殺人に手を貸すことはできないにしても、できるだけ無意味な延命治療をしないなど、患者の意思に従うべきだとされる。

　現在、すでにリヴィング・ウィルを行う人が増えているが、これからもっと増えてくるだろう。

⑤　ターミナル・ケア

　治る見込みのほとんどない患者に対して、痛みなどの症状を和らげる**緩和ケア**も用いながら総合的なケアをする方法だ。

　今日では家で家族にみとられて死を迎えるという状況は少なくなり、

病院のベッドで死を迎える場合が多くなっている。このとき病院で死んでいく患者に対してしなくてはならないのは、105ページでも述べた通り、**キュア（治療）**ではなく、**ケア（手当て）**だ。

これまで医者は、患者の身体的な苦痛を取り除き、病気を治せばそれでよかった。しかしターミナルケアは、末期患者に対して身体的な部分だけでなく、死への不安など精神的な問題もケアする。ただ死を待つしかないという状況で、いかに人間的に生きていけるかが、この方法の重要なテーマとなる。

⑥ チーム医療

特にターミナルケアの場面では、患者に接するのが医者や看護師だけではなくなってきている。たとえば理学療法士、臨床検査技師、作業療法士といった専門職が患者の治療や看護に携わるようになり、さらにソーシャルワーカーやボランティアなど、これまで医療スタッフとは見られなかった人々もかかわってくる。

これまで医療現場では、医者が治療し、それをサポートする看護師がいるという組み合わせだったが、このように多様なスタッフがチームを組んで患者に接するようになってきた。

この傾向は、より専門的にかつ総合的に患者の問題を解決していこうという意識のあらわれでよいことなのだが、一方でチームの信頼関係が重要になることもあり、意思疎通の不徹底が大きな医療事故につながる恐れもあるので気をつける必要がある。

そのとき重要になってくるのが、コミュニケーション能力だ。医療チーム内での意思疎通を確実にし、信頼関係を築く。目的を共有してそれぞれの役割を明確にする。そうしたことを可能にするには、医療チームのメンバーにコミュニケーション能力は欠かせない。

そのため、近年の医療従事者の採用や、医療系の大学や各種学校の入

試でも、**このコミュニケーション能力は重要視されるようになってきている**。もちろん、医療チーム内でのコミュニケーションだけでなく、それ以上に、医療従事者には、患者とのコミュニケーションが欠かせないのである。

⑦ ホスピタリティ（hospitality）

医療従事者の適性として「やさしさ」が重要なのは、第1章で見たとおりだ。加えて、医療従事者には、コミュニケーション能力が必要なことは、前項でも触れた。ここでは、患者に接する際の医療従事者のあり方として「ホスピタリティ」というものについて説明しておこう。

ホスピタリティとは、従来はサービス業、特にホテル業界で使われてきた用語で「おもてなし」や「歓待」という意味を持つ言葉だ。ホスピタリティの語源は、ラテン語の Hospics（客人等の保護）で、それが英語の Hospital（病院）、Hospice（ホスピス）という言葉に発展している。

つまり、病院やホスピスには、そもそもホスピタリティという考え方が含まれていたのである。**医療は、治療を提供する（キュア）だけでなく、患者に心からの安心と生きる喜びを得てもらう手助けをする（ケア）**ものだ。単純にやさしいだけでなく、患者が何を望んでいるのか真剣に考えて察し、患者への気配りを忘れず、決して表面的な態度ではなく、相手にとってできるだけ心地よく接する力、すなわちホスピタリティを医療従事者は身につけるように心掛けるべきだろう。

⑧ 医師・看護師不足

医師・看護師不足が深刻だ。

我が国の患者の人数に対する医師・看護師数は、まず先進各国にくらべて絶対数が少ない。そして、歯科医院ばかり多かったり、都市にばか

り集中していたりといった偏りも指摘されている。せっかく世界の中でも日本の医療技術は最高レベルなのに、それを提供する人材や場の不足と地域格差によって、患者に十分に提供できていないわけだ。

　具体的には、夜間でも対応できる小児科医が不足しているし、産科の医師が地方に不足していて、妊娠中の女性が不安を抱えている。救急車で運ばれても次々に病院側から受け入れを拒否され、たらい回しにされて手遅れになる問題などが生じている。

　この背景には、**医師や看護師も収入を得る職業にほかならない**という面も大きい。医療関係者も、より良い働き場を求めて都市部に集中してしまう傾向が強く、仕事の過酷さ、特に看護師は昼夜を問わない不規則な勤務から離職率が高い。また近年、高度に発達した医療によって以前なら諦めなくてはならなかった病気も治せるようになったため、患者が医療を過信して、医療行為によって思うような結果が得られなかった場合に訴訟を起こすケースが増えた。こうしたことも、医療関係者が減少している原因として挙げられる。

　さらには、近年、政府の方針によって医療費が削減され、病床数（病院のベッドの数）が減らされている。不景気や地方自治体の予算減少のために、私立病院も公立病院も、ともに病院経営が悪化している。そうしたことも、医療関係者の減少に影響を与えている。

　このように**医師や看護師の数が不足したために、一人ひとりの医師や看護師の仕事がますます増え、負担が大きくなっている**。また、症状が急変しやすく診療の判断が難しい子どもを扱う小児科や、お産を扱う産科、治る可能性が高くない患者も扱う外科などで裁判に訴えられることが多く、医師を志してもそれらの診療科を回避する者が多いという現実がある。

　このような医師・看護師の不足は早急に解決しなくてはならない問題だ。

そこで近年浮上してきたのが、**外国人看護師の受け入れだ**。特に東南アジア（インドネシア、フィリピン、ベトナムなど）の国々の中に看護師や介護福祉士として日本で働くことを希望している人がたくさんいる。そのため、日本政府も外国人に看護師として働いてほしいと考えて制度を整えようとしている。

しかし、現在、看護師資格取得試験に難しい日本語の用語がたくさん含まれているため、実際に合格する人は少なく、課題は残されている。現在、看護用語、医療用語そのものを外国人にも日本人にもわかりやすく改める作業が行われるなど、改善のための努力がなされている。

❷ 先端医療

医療に関する小論文問題で、時に先端医療について問われることがある。簡単に説明しよう。

① 再生医療

十数年前には、臓器移植こそが先端医療の中心的なものとして認識されていた。

臓器移植とは言うまでもなく、他人の臓器を移植することだ。患者（レシピアント）の臓器が機能しなくなった場合、自分の臓器を移植してもよいと意思表示した人（ドナー）の臓器を移植して機能回復を図るという医療行為だった。

臓器移植には大きく分けて二つある。**一つは、生きている人の臓器を移植する場合だ**。肺・肝臓・腎臓などは一部を摘出しても健康に大きな支障があるわけではない。そのような場合には、提供者の意思をしっかりと確認した上で移植手術が行われる。

もう一つは、死亡した人の臓器を移植する場合だ。15歳以上の人が

死後、臓器を提供すると意思表示しておけば、自分の心臓、肺、肝臓、腎臓、膵臓、小腸及び眼球（角膜）などを提供できる。これらの臓器提供によって多くの命が助かることから、ドナー登録する人も多い。

しかし、いくつかの問題がある。

一つは脳死の問題だ。**脳死とは、心臓は動いているが、脳は死んでいる状態のことを言う。**本来は、脳の機能が停止すれば心臓も止まるのだが、医療技術の発達のおかげで、人工呼吸器などの生命維持装置を使って脳の機能以外は正常という状態が生じるようになった。脳死患者から正常な臓器を取って、臓器を必要としている患者に移植すると、移植手術が成功する確率が高い。そこで、心臓移植などが行われる場合、脳死患者から行われることになる。

ところが、脳死状態ではまだ体も暖かく、家族がその状態の患者を見ても臓器を取り去るのに賛成しない場合が多い。

もう一つの問題は**適合する臓器が少ないことだ**。血液型など多くの条件に合わないと移植はできない。手術後も、拒絶反応を起こして、手術が失敗に終わることも少なくなかった。徐々に改善されてきたとはいえ、まだまだ移植手術は万全とは言えない。

そうした状況もあって、日本では臓器移植は欧米ほど盛んに行われなかった。

そこで注目されるようになったのが、再生医療だ。

再生医療とは、他人から臓器を移植するのではなく、自分自身の細胞を使って臓器を再生する医療のことだ。トカゲはしっぽが切れてもまた再生する。人間の肌なども傷ついても多くの場合、元に戻る。それと同じように、様々な臓器が再生できれば、様々な難病を解決することができる。

その手掛かりになるのが、2012年に山中伸弥教授がノーベル賞を受賞して以来注目を集めているiPS細胞（人工多能性幹細胞）の研究だっ

た。

　iPS細胞は体の細胞に数種類の遺伝子を入れることによって人工的に作り出される。**iPS細胞が実用化されれば、臓器などを患者自身の細胞から作ることができる。そうなると臓器移植を行う必要がなくなる**。いずれ、老化した骨や血管を再生させたり、脳細胞を再生させたりすることもできるようになるだろう。あるいは、歯も再生できるようになれば、入れ歯などが必要なくなるかもしれない。

　実用化にはまだまだ長い研究と開発が必要だろうが、再生医療が医学の未来を開くものになるのは間違いない。

②　生殖医療

　先端医療の二つ目のテーマとなるのが生殖医療だ。

　生殖医療とは、夫婦が自分たちの子どもを産むときに生殖技術を使うことだ。主に夫婦のどちらかが身体的な理由で子どもを産めないときに、生殖医療は行われる。

　生殖医療とひと言で言ってもその内容はいくつかある。まずは**人工授精**について確認していこう。人工授精とは母親の子宮内に採取した精子を注入し受精させることで、夫の精子を採取して行われるもの（配偶者間人工授精）と、他人の精子を提供してもらって行われる（非配偶者間人工授精）の二種類がある。

　確かに生殖医療の技術によって、子どもが産みたくても産めないという問題は解消に向かいつつある。しかしここにも倫理的な問題がある。

　まず、前者の配偶者間人工授精について見ておこう。最近の研究では、少子化の原因の一つとして、晩婚化による受精率の低下が指摘されている。つまり自然な状態では受精しにくい傾向があらわれている。そのため、将来は配偶者間人工授精が妊娠・出産の主体になるという指摘もされている。生命の誕生まで技術頼みになるというのである。しかし、

受精卵の管理の不手際から、他人の受精卵と取り違えられるという医療事故も起きている。ここにも倫理的な問題が存在する。

　さらに問題は後者（非配偶者間人工授精）の場合に起こる。後者の場合、妻から見れば提供される精子は、夫ではない第三者の男性のものになる。すると夫と血のつながりのない子どもを産むことになる。ここに他人の精子を使って、子どもを産んでもいいのかという問題が出てくる。

　次に**体外受精**について確認していこう。体外受精とは試験管を使って受精させる方法で、試験管ベビーと言われる子どもが生まれる。妻の体内から卵子を取り出し、また夫の精子も採取し、両方を試験管の中で受精させる。その後すぐに受精卵を母親の体内へ戻すという手順で行われる。

　また、そのまま母親の体内へ受精卵を戻すのではなく、第三者の女性の体内へ受精卵を移す、代理母という方法もある。これは妻が受精卵を育てることができない場合に、別の女性に依頼してかわりに産んでもらうというものだ。今ではこのようなこともできてしまうが、果たして倫理的にはよいことなのかが問われる。

　代理母の場合でいえば、問題となるのは以下のようなことだ。まず**生みの親と育ての親が違うことについて、子どもはその事実を知るべきなのかといった問題**である。ずいぶん成長してから、そうした事実を聞かされたとすると、受けるショックは大きいだろう。

　また女性を生殖の道具として考えているという問題なども出てくる。社会的にそのような意見が出てくることも問題だが、女性自らが経済的な理由でたくさんの子どもをかわりに産んで生計を立てるといったことも起こるかもしれない。

　このように人工授精と体外受精のそれぞれに**倫理的な問題が未解決のまま残っている**。

③ 遺伝子診断／遺伝子治療

先端医療の三つ目のテーマは遺伝子診断と遺伝子治療だ。

「親子の顔が似ているのは遺伝のせいだ」と言ったりもするが、そもそも遺伝子とは世代を超えて伝わる生命の情報のことだ。そして、その実体をなすのが、デオキシリボ核酸、すなわちDNAだ。この物質に遺伝情報が符号化されている。

遺伝子はとても小さいために、これまでその多くの部分は謎であった。しかし近年の分子生物学の発達によって、その遺伝子の謎がずいぶんと解明された。遺伝子の仕組みが解明されれば、これまで不治の病であったエイズや難病であるガンなどの治療も可能であるとか、老化を防ぐことができるとか、うつ病になりやすい人の遺伝子の特徴がわかるなどと言われている。現在でも、たとえば難病に指定されているハンチントン舞踏病（筋肉のけいれん・認知症などを発症して死亡する）と呼ばれる病気が、特定の遺伝子に異常があることによって生じるということがわかっている。

この成果が医療現場に用いられると、**遺伝子診断**が可能になる。これは前述のハンチントン舞踏病など遺伝子の異常によって引き起こされる病気を持って生まれたかどうかを、発症する前に診断してしまうというものだ。これによって、将来どのような病気にかかるかが、ある程度わかると言われている。

この遺伝子診断にも問題点はいくつかある。この遺伝子診断は子どもがまだ母親のおなかの中にいる段階で行われる場合がある。これを**出生前診断**という。この診断方法で、おなかの中の赤ちゃんに奇形や障害がないかを確かめる。もし出生前に遺伝子に異常があり、子どもに何らかの障害があるとわかった場合、親は将来のさまざまな負担を考えて中絶してしまうかもしれない。**これは生まれてくる命を親や家族が選別することになる。**

このような生命の選別は、障害のない人間が障害のある人間よりも優れているという**優生思想**を生み出す。優生思想はナチスドイツが採用していたことで有名だが、遺伝子に異常のある人間の子孫がふえないように、国家がその選別をするというものだ。これは現在生きている障害者を劣ったものとして差別することにもつながる。人間が生命そのものに優劣の差をつけて選んでもよいのだろうか。

もう一つの問題は、遺伝子診断の結果を本人に知らせるべきかどうかというものだ。遺伝子診断によって、特定の遺伝子に異常があるとわかっても、それを治療する方法までは確立されていないことがある。インフォームド・コンセントの原則に従えば、患者にしっかりと情報公開をすべきだと言えるが、**患者は「治らない病気が将来発生する可能性がある」と医者に言われても、ただ苦しい思いをするだけだ。**

さらにもう一つの問題は、診断結果が本人以外の人に知られたときのことを考えねばならない。**診断結果が家族を含め他人に知られたなら、保険の加入や就職、結婚などのときに不利になる可能性がある。**今日ではいつどこで情報が漏れるかわからない。そのため個々人の遺伝情報がいつどこで悪用されるかわからないのだ。

また**遺伝子治療**は、遺伝子に異常があるとわかった場合、その問題の遺伝子の働きを抑制したり、また遺伝子の欠損を補うなどして発病を抑える治療のことだ。いくつかの治療例はあるものの現在はまだ実験段階にある。

問題は、この治療が人体にどのような影響をもたらすのかが、まだはっきりとわかっていないことにある。未知の領域が多い技術を、医療の現場で用いるのは危険が多い。

● これからの医療

● 地域医療

　高齢社会になった今、多くの人々が病気や老いを抱えながら生活していくことになる。そのような社会では地域医療の必要性が語られている。そこで重要な役割を果たすのが、**かかりつけ医**の存在だ。

　これまでは、体調が悪くなると大病院で診察を受ける人が多かった。ところが、そこには多くの患者が訪れているので、「3時間待ちの3分間診療」と言われるように、きちんと診察してもらえないことも起こりかねない。

　そんなとき、初めから大病院に行くのではなく、まずは地域のかかりつけ医（ホームドクター）に診察してもらう。かかりつけ医にはふだんから日々の健康について相談しているので、患者一人一人の状況も把握できているので、適切なアドバイスをする。

　かかりつけ医では手に負えないときには、別の大きな病院を紹介する。そうすることによって、大きな病気の場合にもきちんと診察してもらえる。大病院で診察を受けた後、あるいは手術を受けた後の相談などもかかりつけ医が担当する。

　かかりつけ医は専門にかかわらず、幼児の病気や子育ての相談にも乗り、地域の衛生にもかかわる。保健所などの機関とも連携して地域の病気の予防にあたる。

　このようなネットワークを作っておいて、**地域ぐるみで住民の健康を守ろうというのが、地域医療の考え方だ。**

　現在、大病院で診察を受けるには、かかりつけ医の照会が必要なことが増えている。徐々に地域医療の考え方が広まっているといえるだろう。

● 新型コロナウイルス終息後の医療の課題

　2019年末から2021年にかけて、世界中が新型コロナウイルスの感

染爆発のため、大きな影響を受けた。経済は大打撃を受け、人々の日常生活も変化した。それにともなって、医療のあり方もまたこの影響を受けざるをえない。

　これから先もまた同じようなウイルスの感染が世界に広がることがあるだろう。それに備えて、これから、新型コロナウイルスの感染拡大を教訓にして、医療のあり方も変わってくると考えられる。以下、新型コロナウイルスの影響によって変化した日本医療のあり方やその課題を挙げる。

①　予防対策

　新型コロナウイルスに対して、こまめな手洗い、マスク着用、密着した空間を避けるといった対策が感染拡大の防止に大事だということがわかった。これからも、そのような対応が予防として有効と認められ、このような習慣が定着するかもしれない。少なくとも、丁寧な手洗いは、日本人の習慣としてこれからも続けることが望ましい。そうなると、よりいっそう衛生的な環境が日本で作られる可能性がある。

②　健康用品の備蓄

　新型コロナウイルスが最初に感染拡大したとき、日本ではマスクや消毒液が不足した。特に、病院などで使う医療用マスクの不足は深刻だった。新たに生産しようにも、多くが外国で作られたものであったり、原料が外国のものだったりしたために、国内生産ができなかった。

　これから、同じようなことのないように医療に必要なものについては、しっかりと備えておき、必要なときには生産できるようにしておくことが求められる。

③　水際対策

　感染が広がった直接の原因は、水際対策の甘さにあったといわれている。つまり、海外での感染拡大が知られていたのに、空港や港でウイルスが日本国内に入るのを防ぐことができなかった。

　これから先、検疫体制を整えることが課題になる。できるだけ早く疫病の流行を察知し、空港や港でしっかりと検査をして、ウイルスを食い止めることが求められる。

　とはいえ、これには人権や経済活動との兼ね合いを考える必要がある。外国から人の流れをストップすると、自宅に帰れない人、家族と離れ離れになる人などが出てくる。つまり、外国から人の入国を制限すると人権を制限することにつながる。また、仕事で海外と交流している人も大勢いる。その流れをストップすると、経済が打撃を受ける。

　そうしたことにも配慮しながら、できるかぎりウイルスが国内に入ってこないようにする必要がある。これから、そのようなシステムをうまく構築することが課題になる。

④　検査体制

　新型コロナウイルス感染拡大時、大きな問題になったのが、PCR 検査がなかなか受けられなかったことだった。検査を行うための機械や人材が不足してウイルス感染の恐れがある人も検査を受けられず、感染していたのに適切な治療が受けられなかった人もいた。中国や台湾や韓国が大規模な検査をすぐに始めたのとは対照的だった。

　これからは、日本も感染が広まったとき、すぐに検査ができるように整備する必要がある。

⑤　治療体制

　新型コロナウイルスの感染拡大によって浮き彫りになったのは、日本

の保健所、開業医、診療所、病院がネットワーク化されておらず、管轄するいくつもの省庁や地方が入り乱れていることだった。しかも、それぞれの連絡がオンラインではなく、手書きのファックスで行われていたことが明らかになった。その後、厚労省がオンラインシステムを導入したが、そうした事情もあって、政府や都道府県が何かを決定しても、それが全国に徹底せず、ばらばらの対応をして、いつまでも実現できないことがあった。

　新型コロナウイルス問題をきっかけに、全国の医療機関をネットワーク化し、情報を共有し、緊急事態に即座に対応できるようにする必要がある。

⑥　医療従事者の負担

　新型コロナウイルスの治療にあたった医療関係者の負担が問題になった。

　新型コロナウイルスの治療にあたった病院は、通常の診療に力を入れられなくなってしまった。新型コロナウイルスの治療には時間とお金がかかる。しかも、その間、ほかの病気の患者が病院を訪れることが減るので、病院の収入が減ってしまった。

　しかも、新型コロナウイルスの患者に向き合って医療に従事している人たちは、感染の危険性が高いと思われて、差別を受ける事態が起こった。医療従事者は付き合いを避けられたり、子どもを保育所に預けるのを断られたりした。

　誰よりも新型コロナウイルスと戦い、自分の命と健康を危険にさらしてへとへとになるまで仕事をしているのに、差別され、収入も減ってしまうということになった。

　これからは、大規模な感染拡大が起こった場合、治療にあたる病院をきちんと確保し、そのような医療にあたる人々が不利益になることのな

いように整備する必要がある。

　ワクチンは新型コロナウイルスを終息させるために決定的な切り札と言えるものだったが、日本ではワクチンを開発できず、海外からワクチンを輸入しなければならなかった。そのために、多くの国民がワクチンを接種するのに時間がかかった。

　日本は様々なワクチンの副作用に神経質であることが、そのようなワクチンの遅れの原因だといわれている。以前、日本はワクチン研究でも世界のトップレベルだったが、様々なワクチンの副作用による死亡例などがあり、それが裁判になって事件化したために、ワクチン開発に日本の医学会が消極的になったといわれている。

　しかし、今回の新型コロナウイルス感染拡大によって、普段からワクチン研究をすることが大事だと再認識された。これから日本のワクチン研究が発展することが期待されている。

2 生命・環境・福祉の問題

❶ 少子化

● 少子化の現状

2019年の合計特殊出生率は1.36。しかも、亡くなる人のほうが、新たに生まれる人よりも多い状態が続いているので、このままでは人口が減り続けることになる。

■ 図1　出生数及び合計特殊出生率の年次推移

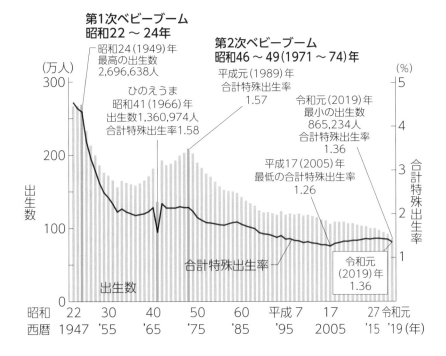

かつては子どもが3、4人いる家庭が多かった。しかし今では子ども
は1人、多くても2人という家庭が多い。この変化に伴ってあらゆる社
会制度が変更されなくてはならないものの、あまりに急激な変化のため
に制度の変更が追いついていないのが現状だ。

● 少子化の原因

　少子化の原因はいくつか考えられる。まず**女性の社会進出が盛んにな
った**ことだ。今日では特に都市部の女性は、大学に行き、企業などに就
職する傾向が強まった。この結果、女性の結婚の時期が遅くなり、また
一生、結婚せずに経済的に自立して暮らすという女性も出てきた。

　さらに子どももほしいが仕事もしたいという女性にとって、今日の職
場環境では**育児と仕事の両立が難しい**という要因も少子化の流れに拍車
をかけている。ちなみにアメリカでは早くから女性の社会進出が盛んだ
が、企業で働く女性がいる一方で、低賃金でベビーシッター（たいてい
は移民労働者）を雇うことができるという背景があった。

　また、**子育ての価値観が変化した**。昔、親は自分の家の仕事を子ども
に手伝ってもらい、老後は子どもたちに面倒を見てもらおうと考えてい
た。しかし学歴社会になりサラリーマンがふえると、子どもに自分たち
の夢を託すようになった。少子化が進む中で、親は子どもにいっそうの
期待をこめ、教育費などに十分お金をかけて育てることを選択するよう
になった。

　もうひとつ、近年特に問題になっているのが、非正規雇用のために**十
分な収入が得られずに結婚できない若者、結婚しても子どもを作れない
若者の増加**だ。企業は経費節減のために正規職員を減らして、アルバイ
トやパート、派遣社員などを増やして低い賃金で雇用している。低賃金
で働く人々が子どもを作れずにいるために少子化が改善されないという
面がある。

このように、①女性の社会進出と、②それに伴う育児と仕事の両立の困難さ、③子育ての価値観の変化、④非正規労働による生活難の若者の増加という原因が、日本全体の子どもの出生率の低下を招いた。

● 少子化の影響

この少子化が日本社会にどういった問題を引き起こすのかをまとめておこう。

まず**日本の労働者の数が減っていくという問題**がある。仕事の量が今と変わらずに少子化が進んでいくと、一人当たりの仕事量が増えていくことになる。さらに、労働者、すなわち消費者の数も減るわけだから、売り上げも少なくなる。そうなると会社全体の利益も減っていき業績が悪化する。すると一人当たりの給料も減っていく。よって仕事量はそれほど変わらずに、給料だけが減っていくことになる。

次に**国全体の収入が減っていくという問題**もある。国の収入とは主に税金の額である。消費税を見てもわかるように、税金は国民一人一人から集められるのだから、少子化で国の人口が減っていけば、国民から税金が取れなくなり、国の収入が減っていく。すると、特に問題となるのが、年金や健康保険や介護保険などの社会保障費の財源が不足し、年金がもらえなくなるとか、医療費が高くなるといった問題である（社会保障制度については後述する）。

そして**教育機関の合併や倒産といった問題**も起こる。少子化が進むと学生の数が減少していくことになる。するとこれまでほど学校の数は必要なくなり合併や、私学なら倒産もあり得る。これに伴って研究者や教師がリストラされる可能性も出てくる。

● 少子化を食い止める対策

では少子化を食い止める対策はないのだろうか。北欧のように、女性

が働きながら子どもを育てられる環境を整えるべきだ、とする意見もある。

　さらに男性も育児休暇を取りやすくし、男女がともに育児を行い、かつ会社もそれを支援していくべきだという考え方もある。これは男女共同参画社会という言葉で呼ばれる。

　また、労働力の減少を補うために外国人労働者を増やすことも既に実行に移されている。これまで日本は、外国人労働者を厳しく制限していたが、建設業や農業、介護などの領域の労働者が極端に不足したため、2019年より積極的に外国人を受け入れる方向に転じた。ただし、無制限に外国人を受け入れるのではなく、特定技能、技能実習などの在留資格でしっかりと管理したうえで受け入れを行っている。そして、外国人も日本人と格差のない待遇で働くことのできる制度を作ろうとしている。

　それがうまくいくかどうかはこれからの運用にかかっているといえるだろう。

❷ 高齢社会

● 高齢化の状況

　少子化とともに進展しているのが、高齢化だ。子どもの数が減るにつれて、高齢者の割合が増えてくる。2018年からすでに4人にひとり以上が65歳以上の高齢者になっている。少子化とともにこの変化によって、日本の社会のあらゆる制度に変更が求められるようになっている。

● 高齢化の原因

　高齢者が増加している原因は、第二次大戦後の戦後復興の中で、子どもをたくさん産むようになったものの、急速な経済の成長とともに生活意識が変わり、少子化現象が起こったからだ。確かにアメリカや北欧・

西欧諸国も日本と同様に高齢化が進んでいるが、**日本の場合はそのスピードが急速なのだ。**

　また医療技術が発達し、経済的に豊かになったことで、**平均寿命が徐々に上がってきた**ことも高齢化の原因になる。今では男女ともに平均寿命が八十歳以上になった。

● 高齢化の問題点

　近年は65歳定年の企業が増えてきたが、定年を迎えても、まだ数十年間も残された時間があり、定年後の人生の過ごし方が重要になっている。そこで定年後の人生は第二の人生だと考えるようになっている。

　その高齢化がもたらす問題は深刻だ。高齢化の問題は少子化の問題とセットで考えなくてはならない。まず少子化の項であげた問題も、高齢化の側面から見ればさらに深く理解することができる。あと十数年のうちに現在、会社の上層部にいる人々の多くが定年を迎える。すると**労働者数が一気に減少し、若い人の仕事の負担が多くなる。**

　そして当然、年金を受け取る人が多くなり、払う人が少なくなるのだから、**社会保障制度のバランスが悪くなり、**給付額が減少するか、払う額が増えるかのどちらかの対策を取るしかなくなる。少子化との関係で言えばこうした問題が出てくる。

● 介護と高齢者医療

　さらに高齢者介護の問題が出てくる。今では高齢者と一緒に住む大家族は少なくなりつつある。父、母、子だけの家族、つまり核家族が多くなっている。すると**高齢者を介護できる家族がいない状態**になる。社会的に現役の若い人は介護にあてられる時間が少なく、52ページ例題3で見た通り、60代、70代の子どもが90歳を超えた親を介護するという老老介護が起きているという現状もある。

したがって、現在、これからますます進む高齢化に備えて、介護にあたる人材が必要になっている。ところが、介護の仕事は待遇面であまり恵まれていないために、希望する人が少ないという状況もある。そのため、介護にあたる人材を東南アジア諸国から受け入れることが考えられている。看護の仕事と同じように、インドネシア、フィリピン、ベトナムなどに希望者が多いが、言葉が通じにくいなどの問題があり、まだ十分に浸透していない状況だ。

　次に医療面での問題だ。高齢者が多くなると、**医者や看護師が不足し、病院などの医療施設が不足する**。病院に行く多くの人は高齢者だ。このまま医者や看護師の数が変わらないと、一人当たりの負担が増加し、極端な話、ミスが多くなり、患者は適切な診察を受けられなくなることも起こりうる。特に高齢者にはキュア（治療）ではなく、ケア（看護）のほうが重要になってくる。すると患者一人に対して、医者や看護師は単に治療をするときよりも多くの時間をかけることになる。よって医者や看護師の不足はより深刻な問題になってくる。

　そして**高齢者の生きがいの問題**もあげておこう。会社で定年まで数十年間、家族のため、会社のため、日本のためにがんばってきた人が突然、定年を境にして何を目的に生きていけばよいのかわからなくなる場合がある。何もやることがなくなり、途方にくれる。家族はそれぞれ仕事に学業に忙しく相手にしてくれない。そして自殺者も出るくらいの状況になっている。定年後も人生はまだまだ長い。定年は第二の人生の始まりと考えられればよいが、年齢を重ねるほど家庭にも社会にも居場所が見つけにくいと感じる高齢者も多いといわれる。

● 解決策

　こうした多くの問題を解決する方法をいくつか紹介しておこう。確かに少子化と関係した問題は、少子化の項目でも言ったように有効な解決

策が見いだされていないものの、介護保険制度や生涯学習は高齢者問題の対策になり得る。

まずは社会保障などの財源や労働者の不足といった問題には**定年の引き上げ**という対策が考えられる。定年後の長い人生を年金で生活するよりも、働いて自分でお金を稼ぎたいと思う人も多い。だから定年を七十歳、あるいは七十五歳くらいにまで引き上げて、その分、税金も払ってもらおうと考える人々がいる。

また詳しくは後述するが、**介護保険制度**によって、これまで家族の負担になっていた高齢者介護を自治体や企業に任せることができるようになった。もちろん問題も多い制度だが、この制度が高齢者介護の状況を大きく変えた。

そしてこれも後述するが、大学などの教育機関は**生涯学習**を推奨している。生涯学習そのものは高齢者のためにあるわけではないが、学ぶことが生きがいになることもあるので、生涯学習は高齢者の生きがいを探るための一つの対策になる。

さらに**開業医を充実させる**ことも重要だ。くり返し説明してきた通り、これからはキュア（治療）ではなく、ケア（看護）が高齢者の医療にとって重要だが、それは高齢者医療についても言える。治療を重視するならば、大病院の最新の施設で効率よく病気や怪我を治していけばよい。しかし看護は一人一人の人間に対して時間をかけて接していくことで成り立つ。だから高齢者が生活する地域で、問題があればすぐに診てもらえる医師や看護師がいることが重要なのだ。

● 日本の対応の遅れ

このように高齢化の現象といくつかの問題点、そしていくつかの解決策を確認してきた。肝心なことは**少子化と高齢化はセットで考えておく**ことだ。この両方が日本の社会の構造を大きく変えようとしている。に

もかかわらず、その対応が遅れていることが問題なのだ。ここで示してきた問題を見ると、日本の社会がいかに過去の人口構成を前提にした仕組みを作ってきたかがわかる。この観点から見れば、さらに多くの問題が見つかるかもしれない。ぜひ考えてみてほしい。

❸ 年金保険制度・健康保険制度

　ここでは社会保障制度についてまとめておく。このテーマ自体はそんなに出題されることはないが、他のテーマと関連を持っているので知っていると役に立つ。このうち年金や介護保険などを含めたものを社会保険制度と言うが、仕組みは結構ややこしいのでここで整理しておこう。

● 社会保障とは

　社会保障とは、何らかの事情で生活に支障をきたしている人への補助のことだ。そしてその仕組みを社会保障制度という。これは、公的扶助、社会保険、社会福祉、保健医療・公衆衛生の四つで構成されていて、今、医療看護・福祉で小論文の問題となっているのは、この中の**社会保険**である。この社会保険は、病気や怪我の補助をする**健康保険**、老後の補助をする**年金保険**、失業したときの補助をする**雇用保険**、労働者が業務中に災害に遭ったときに補償をする**労働者災害補償保険（労災保険）**、高齢者の介護を補助する**介護保険**の五種類で構成されている。福祉の小論文でとりわけ問題となるのは、この五つのうちの**健康保険、年金保険、介護保険の三つ**だ。

● 年金保険と健康保険

　まずは年金保険（以下、年金）から確認しよう。年金はふつう定年退職したあとの生活をある程度補助するために、企業や国から支払われる

お金のことだ。国民年金は20歳以上の人がみんな払うことになっている。企業に勤めれば、企業独自の年金制度に切り替えられる。こうして積み立てられたお金は、老後に自分の元へ戻ってくる。

　次に**健康保険**だが、これも国に保険料を支払うものと、勤めている企業に支払うものとがある。どちらも健康保険証がもらえ、病気や怪我で病院に行くときは必ずそれを持っていく。すると基本的にはかかった医療費の三割だけを支払えばよいことになる。

　後述する介護保険制度を含めて、医療、看護や福祉に携わる人にとって、これらの制度は身近なものだが、今日、社会問題にもなっている。

● 保険と少子・高齢化の関係

　保険の問題は少子・高齢化と関係がある。

　少子・高齢化することで、**もらえる年金の額が徐々に減っていく可能性がある**。すでに日本社会は65歳以上の高齢者が人口の4人に1人を超している。これからますます高齢者の割合が増えてくる。

　年金は自分が払ったお金がそのままどこかに保管されて、数十年後に定年を迎えたときに、そのお金が戻ってくるという仕組みではない。今払ったお金は、今の高齢者へ支払われ、自分が高齢者になったときは、そのときに働いている人が払ったお金から支給される。だから高齢者1人に対して働いている人が4人という割合と、高齢者1人に対して働いている人が3人という割合では、後者のほうがもらえる年金の額が低くなる。だからこのまま仕組みを改善しないと、払った額に対して、将来もらえる額が低くなることもあるのだ。

　さらに健康保険も少子・高齢化の影響が出ている。病院を利用する人は圧倒的に高齢者だ。そして高齢者が増加すると病院を利用する回数が多くなり、**健康保険の財源が乏しくなる**。その結果、現在、病院の窓口で払うお金はかかった医療費の三割でよいものが、今後四割、五割と上

がっていく可能性がある。特に年金生活者である高齢者にはきびしい問題だ。

　このように国が実施している社会保険制度は、少子・高齢化の影響で大きな問題に直面している。

❹介護保険制度

● 介護保険制度とは

　三つの社会保険制度のうちの最後の一つ、介護保険制度はほかの二つよりもさらに高齢化問題と密接に関係している。とても新しい制度だ。

　介護保険制度とは、**これまで家族が負担していた高齢者の介護を社会全体で支えようという仕組みだ**。まず介護が必要な高齢者が自分の住んでいる自治体に申し出る、次に専門家がどの程度の介護が必要なのかを診断し、ランクづけを行う。そしてそのランクづけを基に介護のメニュー（ケアプラン）を、介護を受ける本人もしくは専門家が作成し、その後、自治体や企業による介護サービスが実際に受けられるようになる。

　また介護保険は**四十歳以上の国民はみんな保険料を払わなくてはならない**。これは高齢者も同じように払わなくてはならないので、年金で生活している高齢者にとってはつらい仕組みになっている。

　この制度ができた背景には、高齢者の増加とともに、医療の進歩のため寝たきりの高齢者がふえたということがある。家族の介護負担はそのため長期化し、より大変になった。その結果、介護疲れによる無理心中や虐待などという問題も見られるようになった。また病状は変わらないまま長期入院する社会的入院が増え、健康保険の財源を圧迫した。そこで、介護を地方自治体と企業にまかせようとする方針になった。

介護保険制度にもいくつか問題はある。

まず地域間格差の問題だ。この制度は必要な介護レベルの基準は全国一律だが、その認定は市区町村といった自治体が行っている。そのため、状態が同じ程度の高齢者でも、**住む地域によって介護レベルの認定が異なり、受けられる介護の内容が違ってしまうという事態**が起き、重大な問題になっている。

またこの制度は、介護を受けたい人や家族が自ら自治体に申し出なくてはならない。だからこの制度の存在を知らなければ介護を受けることすらできないのだ。しかも**手続きが複雑なため、しっかりと理解できていない人が多い**。社会保険制度は、知らないと不利になるなどということがあってはならない。この制度を必要としている人はいわゆる弱者であり、そもそも不利な立場にある人のために用意された制度だからだ。

さらに介護をする人が、自治体や業者から派遣された介護にあたる人と、**介護を受ける人との間に家族とのような信頼関係が築きにくいという問題**がある。介護は決して楽なものではないだけに、愛情を持った関係が欠かせなくなる。果たしてその関係が、介護をする人と受ける人との間に必ず築かれるかどうか疑問が残る。

まだ問題はいくつもある。この制度は高齢者も保険料を払い、かつサービスを受ける人はさらに料金の一部を自分で負担しなくてはならない。だから**少ない年金で生活している人は、介護にお金が払えないという問題を生む**。またサービスを受けずに家族が介護するにしても、**保険料だけは徴収されてしまうという問題**もある。

さらに、**介護士が置かれている過酷な勤務状況も問題**だ。民間企業は利益をあげるのが目的なので、どうしてもコスト削減のために人件費を抑えがちになる。介護士には派遣労働者と同じ扱いの人が多い。そのため、介護士は過酷な労働を低賃金で強いられているという現状がある。

それに耐え切れず、介護士になったものの離職する人があとを絶たない。それに、介護士を続けていても、モチベーションの低下や疲労によるミスも懸念される。**介護士の労働条件の向上が求められる。**

　このように介護保険制度が導入されて、介護の形が変わったことは確かだが、まだまだ問題は山積みだ。

❺ ボランティア

　看護、医療や福祉の分野を目指す人にとって、すでにボランティアは身近なものだろう。すでに経験している人も、そうでない人もここでボランティアについての考え方をまとめておこう。

● ボランティアの状況

　ボランティアが日本の社会で注目され始めたのは1995年の阪神淡路大震災のころからだ。その後、2011年に起こった東日本大震災、各地の地震や水害に際して、多くのボランティアが現地で復興支援を行った。これ以前、ボランティア活動は一部の限られた人が行うものだと考えられていた。しかしこの時期から、特に若者を中心としてボランティア活動を行う人々が目立つようになった。

● ボランティアの問題点

　これ以降、ボランティアについて様々な議論がなされて、問題点がいくつか指摘されている。それをひと言で言えば「**ボランティアは偽善である**」という考え方だ。

　その偽善の内容にもいくつかある。**まずボランティアは善意の押しつけであるという意見**だ。ボランティア活動をする人は自分が善い行いをしたという実感を得たいために行っているという。相手が本当に望んで

いるかわからないのに、お金や物資の援助をするなら、それは善意の押しつけだというのだ。この意見は特に言葉の通じない外国の人々へのボランティア活動に対して向けられることが多い。

　また、**ボランティアは優位な立場に立って安心することだという意見**もある。ボランティア活動をする人は自分がいかに豊かな状況にいるのかを、貧しい他人に手を差し伸べることによって確認しているという。こういう思いがあってボランティア活動をすると、それを受けるほうの人々は逆に惨めな思いをするという。

　つまり偽善とは自己満足のことだ。他人を助けているように見えて、実際は自分が満足すればそれで終わりということになってしまう。ボランティアはカッコイイというイメージで行っている人々は、この自己満足に陥りやすく、一部の人々から批判される。

　さらにこういった批判もある。受ける側にも問題があるというのだ。それは**ボランティアへの甘え**だ。ボランティアによるさまざまな援助を受けることに慣れると、自分で何かを成し遂げようとしなくなり、すぐに助けを求めてしまうという。

● ボランティアの意義

　このようにボランティアに対する批判はいくつかある。しかし看護、医療や福祉を目指す人はボランティアに肯定的なほうがよい。これらの批判に対する反論は以下のとおりだ。

　それは、**ボランティアは互酬的だ**という意見だ。「互酬」とはお互いに報酬を得るということだ。決してボランティアは自己満足のためにやっているのではなく、他人に何かを与えることによって、自分もその他人から何らかの価値を受け取っているというものだ。何らかの価値とは「苦しい状況で生きる姿を見て自分の未熟さを実感した」とか、「自分が生きることに積極的になれた」とか、「どれだけ今の社会は障害者の立

場でまち作りをしていないかを知った」とかいった、形にならないものが中心となる。

　人間と人間は関係をもって生きている。いわば、地球という同じ船、社会という同じ家に住んでいる。誰かが困ると、そのしわ寄せがほかの人にいく。どこかで戦争が起こると、世界中に影響がある。だから、ほかの人が困っていたら、なるべく助け合おう、それが、自分のためにも、社会全体のためにもなる。ボランティアの基本にあるのは、そのような考え方だ。

　医療看護福祉系の大学を目指す人はボランティアの経験が入試で有利に働くこともあるので、ボランティア活動をしたことのある人はしっかりとアピールしたほうがよい。そのとき、単に経験した事実を書くだけでなく、そこから何を学んだのかを書くことが重要だ。つまり相手に与えたことではなく、相手から得たもの、そしてその経験から得たものをアピールしよう。

❻ ノーマライゼーション

● ノーマライゼーションとは

　ノーマライゼーションとは、**社会生活に不自由をしている障害者や高齢者を特別視せず、一般の人と同じように生活できるようにする**という考え方だ。そしてそのために、社会のあらゆる制度を整備していくことだ。つまり障害者も高齢者も普通（ノーマル）に生活できるようにしましょうということを意味している。

　もともとこの考え方は 1959 年デンマークの知的障害者に関する法律に採用された言葉で、日本でも 1995 年に「障害者プラン——ノーマライゼーションと七カ年計画」が発表された。この計画によって、住宅、教育、公共施設等の障害者へ配慮した改良が目指されている。

● ノーマライゼーションの意義

ノーマライゼーションの重要な点は次の点にある。これまで私たちは、障害者や高齢者などのハンディキャップのある人々には特に親切にしてあげなさい、立場の弱い者を助けなさいと教えられてきた。しかしこの考え方は、**健常者がすべての障害者や高齢者を勝手に「弱者」として決めつけることになり、彼ら個々人の考え方を尊重していない**という反論が出された。障害者や高齢者にも多種多様な考え方があって、自分は弱者ではない、弱者と思われたくはないと考える人だっている。これまでは、健常者の勝手な考え方を無意識に障害者や高齢者に押しつけていたのではないか。

さらに問題となったのは、こうして彼らを**「弱者」としてひとくくりにし特別視することで、彼らの自立しようとする意志までも奪うことになる**ということだ。

こうした批判があったため、そこで**障害は一つの個性**だという発想が出てきた。つまり、たとえば生まれつき手足がないことは、スポーツが得意でないことと似ているという発想だ。スポーツが不得意だからといって、何もできないわけではなく、そうした人はたとえば美術的なセンスなど他の能力を活用すればよい。同じように、生まれつき手足がないからといって、何もできないのではなく、そうした人ももてる能力を活かせる分野で活躍すればよい。

ただし、この考えにも、**「障害という重い事実を、単に個性としてとらえるべきではない」**という反論がある。

❼バリアフリー

● バリアフリーとは

ノーマライゼーションとの関連で、必ず知っておかなくてはならない

言葉がバリアフリーだ。

　バリアフリーとは、障害者や高齢者に対する**あらゆる障壁（バリア）をなくしていこうとする考え方**だ。たとえば、車椅子に乗っている人でも簡単に電車に乗れるように改札口の幅を大きくし、ホームまでエレベーターをつけ、ホームと電車の段差や隙間をなくすといった作業をすることを言う。

● バリアフリーのさまざまな側面

　一口にバリアフリーと言っても様々な側面がある。

　まずは**物理的な側面**だ。先ほどの駅の例や、図書館、役所、道路といった公共施設は、障害者や高齢者にとって不自由がないように改築、改造をしていく必要がある。

　また**情報面でのバリアフリー**もある。それは高齢者向けのテレビ番組や障害者向けの手話を用いた番組といったものから、公共施設の点字による情報といったものまである。得られる情報に格差があることで、経済的、社会的に不利になることがある。そのとき、最も取り残される可能性があるのは障害者や高齢者だろう。

　そして**制度的な側面**。社会保障制度などの国や自治体が管理する制度は、あらゆる人々が利用するので特に注意すべきだ。この観点から見ると、先述した介護保険制度の申請や手続きは高齢者にとって、大きな障壁（バリア）になっている。われわれの身近なところでは、大学入試の制度も障害者にとって負担のないものに変えていかなくてはならない。

● 心のバリアフリー

　そして最後に**心理面でのバリアフリー**だ。これを実現するのが四つの中で一番難しいだろう。なぜなら障害者や高齢者は、健常者がふだん意識していないところで差別されたと感じるからだ。ノーマライゼーショ

ンの項で述べたとおり、健常者が好意で行った支援が、障害者や高齢者にとっては行きすぎであると感じられ、「特別扱いしないでくれ」という反発を生むことがある。だからと言って彼らを支援しなくてよいというものではなく、あくまでさり気なく支える必要がある。

　このようにバリアフリーには4つの側面がある。まだまだどれも不十分だと言われているが、早急に改善していかなくてはならない問題だ。

❽ 環境問題

● 環境問題の背景

　環境問題が注目され始めたのは1980年代に入ってからだ。それまでは車の排気ガスや工場の煙突から出る煙といった都市の公害、それに水俣病やイタイイタイ病といった工場廃水に関係した問題などが、それぞれ社会問題となっていた。しかしこれらは**今日に言われるような環境問題ではなかった。**

　1962年にレイチェル・カーソンの『沈黙の春』という本が出版され、化学薬品による土壌汚染や生態系への破壊が指摘されたが、出版直後はそれほど話題にはならなかった。1972年には**天然資源の枯渇**が近い将来訪れることを指摘したローマ・クラブによって「成長の限界」という言葉が普及した。さらにその後、フロンガスによって**オゾン層が破壊**されているという指摘や、二酸化炭素の排出量が増えたことによって**地球が温暖化**しているということが言われるようになり、1980年代に入って先進国で一気にこれらの問題が注目されるようになった。

● 環境問題の原因

　これらの環境問題の特徴は、**地球規模で対策を考えていかなくては解決できない**という点にある。この点で日本の都市公害や工場排水の問題

とは違う。ちなみにこれらの環境問題は、地球全体で問題となっているため、「地球環境問題」と呼ばれることもある。

次に環境問題の原因を考えてみよう。

根本原因は、これまで先進国が経済発展を優先してきたことにある。日本もアメリカもヨーロッパ諸国も、たくさんの物が店に並んでいて、自由にどれを買ってもよいという経済的に豊かな状態を、理想としてきた。

そのために大量の資源を使って物を作り、買った物を使ったあとは大量に廃棄する。このようなことをつづけた結果、天然資源の限界量が明らかになり、森林破壊や海洋汚染が起こり、さらに物を廃棄し燃やすことで、二酸化炭素が発生し、温暖化を招いた。つまり**「大量収奪—大量生産—大量消費—大量廃棄」という一連の流れによって、環境問題は引き起こされたのだ。**

1980年代に入って、私たちは自分で自分の首を絞めるようなことをしていたことに、ようやく気づいた。これは地球の存亡がかかった問題なのだ。

● 環境問題の解決のため

では環境問題の解決策はあるのだろうか。

これまで、世界各国が集まって様々な会議を開き、自然環境を守り、資源の枯渇を防ぎ、地球温暖化を食い止め、持続可能な社会を築く方法などについて協議をし、様々な規制を設けてきた。だが、しばしば足並みがそろわず、十分な効果をあげることができなかった。

とりわけ、これ以上の環境破壊を食い止めようと考える先進国と、環境よりも自国の産業の発達を重視しようとする発展途上国の間で足並みがそろわなかった。途上国からすると、環境を口にするのはすでに産業を持っている先進国のぜいたくな悩みであり、それよりももっと大事な

のは、多少環境に悪くても、貧しい自分の国に産業を育てることだった。

しかし、地球温暖化が進み、気候変動が地球を襲い、途上国も環境悪化を無視できなくなった。途上国のリーダーの役割を果たしていた中国が急速な工業化のために環境汚染に手を焼くようになり、改善の必要性を強く感じるようになった。このまま資源を用い、環境を破壊し続けると、近い将来、地球は動物の住めない惑星になるかもしれないという認識が世界に広まった。持続可能な社会を模索することが最重要課題になった。

● SDGs

こうして、2015年に国連サミットで採択され、国連加盟193カ国が2016年から2030年の15年間で達成するために持続可能な社会を実現するための17の目標が設定された。それを**SDGs（Sustainable Development Goals　持続可能な開発目標　エス・ディー・ジーズと発音される）」**と呼ぶ。国連が率先して持続可能な社会建設に立ち上がったといえるだろう。

SDGs17の目標とは以下のようなものだ。

1．貧困をなくす
2．飢餓をゼロに
3．すべての人に健康と福祉を
4．質の高い教育をみんなに
5．ジェンダー平等を実現しよう
6．安全な水とトイレを世界中に
7．エネルギーをみんなに　そしてクリーンに
8．働きがいも経済成長も
9．産業と技術革新の基盤をつくろう

10.　人や国の不平等をなくそう

11.　住み続けられるまちづくりを

12.　つくる責任つかう責任

13.　気候変動に具体的な対策を

14.　海の豊かさを守ろう

15.　陸の豊かさも守ろう

16.　平和と公正をすべての人に（持続可能な開発のための平和で包摂的な社会を促進し、全ての人々に司法へのアクセスを提供し、あらゆるレベルにおいて効果的で説明責任のある包摂的な制度を構築する）

17.　パートナーシップで目標を達成しよう（持続可能な開発のための実施手段を強化し、グローバル・パートナーシップを活性化する）

　これらの目標のうち、直接的に環境問題にかかわるのは、6・7・11・12・13・14・15くらいだ。しかし、たとえば、1の貧困についてみると、多くの人が貧困であるから自然を破壊し、人口爆発を起こして、結果的に地球を壊すことにつながる。これらの項目は密接に結びついているのだ。総括的に解決に向かうことによって持続的な社会の実現が可能になる。

　この17の目標は持続可能な社会の実現を環境面に限定することなく、社会全体の問題として捉えたところに画期的なものがある。国連を中心として国際社会全体でこのような包括的な取り組みをすることを決定したのだから、その実現に向けて各国が足並みをそろえることが大事だ。

人文・社会の一般的問題

❶教育の問題

① 「ゆとり教育」から「主体的学び」へ

　1980年代から90年代にかけて、生徒が先生の話をまったく聞かず、授業中に席を立って歩き、授業が成り立たないという学級崩壊と呼ばれる現象が全国の中学校・高等学校で起こった。さらに中学生による親殺しなどの凶悪犯罪が問題となった。

　子どもは受験戦争に追われ、競争をし、落ちこぼれると劣等感を持ってしまうために、このような問題が起こるのだと説明された。そして、もっとゆとりを持つべきだ、暗記中心の受験勉強ではなく考える勉強をするべきだと言われるようになった。こうして、「ゆとり教育」という考えが出てきた。

　90年代からしばらくの間、日本の教育においては、「ゆとり教育」が推し進められた。授業内容は削減され、土曜日も休日になり、「総合学習の時間」がもうけられ、生徒たちが詰め込みではなく、余裕をもって自主的に学ぶことが求められた。

　ところが、そうはうまくは行かず、むしろ、学習内容の削減のために、知識不足、学力不足の生徒が増えることになった。危機感を持った経済力のある親は子どもを塾に通わせるようになり、塾に通っていない生徒との間で学力格差が広がった。

　こうして「ゆとり教育」は批判が高まり、変更を余儀なくされるようになった。

　そこで、2020年度から新しい学習指導要領によって、重視されるよ

うになったのが「主体的、対話的で深い学び」が重視される教育だ。グループを作って話し合い、自分たちで問題を発見してそれぞれのやり方で解決に導いて行くアクティブ・ラーニングという手法が取り入れられるようになった。「ゆとり教育」の理念は受け継ぎながら、学力低下にならないような対策も織り込んだ教育方法といえるだろう。

　以前は、学校で教わる知識を暗記して正しい答えを書けば試験で評価されていた。だが、これからは、**知識や技能を実際の生活の中で活用し、現実の問題を解決していくための思考力・表現力・判断力が重視される**。しかも、**それらに関心を持ち、グループで相談しながら問題を解決していく力も重視される**。そうした力こそが、実際に社会に出て役立つことにもなる。

　また、小学校から英語が必修化された。5年生から英語が正式科目になって、本格的な学習が行われることになった。大学入試についても、二十年以上続いた大学入試センター試験にかわって、思考力を重視する大学入学共通テストが行われることになった。

② 教育格差

　現代の教育を問題にするとき、**教育格差**を避けて通ることはできない。

　学校教育の場において、日本では平等性が重視される。誰もが質の高い教育を受けて、本人の努力次第で個性や才能を発揮し、社会で活躍できる力をつけていくのが教育の役割だ。親の経済力とは無関係に同じスタートラインに立って適度な競争をして学力をつけていくのが望ましい。そうしてこそ、多くの人が競争に参加でき、努力の報われる社会になる。

　ところが、近年、そのような公平の原則が崩れてきている。

　親に経済力のある人は、子どもを塾に通わせることができる。授業料の高い私立の進学校に入学させることができる。

　それだけではない。親が大学などで高等教育を受けている家庭では、

本を読むのが当然の習慣としてあり、文化的な環境が整っており、教育についての情報も伝わっているという傾向が強い。ところが、親が高学歴ではない家庭では、子どもも知的な関心を持たないことが多い。そうしたこともあって、高学歴でそれなりの経済力を持っている親の家庭では子どもも高学歴になって、経済力を得るのに対して、低学歴の親の家庭では子どももそのまま低学歴になってしまって、経済力も得ることができないという傾向が強まっている。

　誰もが努力次第で学力を身につけられるように、貧しい家庭の子どもを支援する仕組みを作る必要がある。

③　いじめ問題

　学校教育で学習面と並んで大きな問題になっているのが、いじめ問題だ。しばしば、いじめを苦にした自殺などが報道され、事態の深刻さが明るみに出る。

　近年、特に増えているといわれるのが**SNS（ソーシャル・ネットワーキング・サービス）を介したいじめ**だ。教師の見えないところでいじめが進行し、いじめられている人が追いつめられることが多い。

　いじめは教師をはじめとする関係者が早く気づいて適切に指導するのが望ましいが、インターネット上で行われると、教師はどうしても気づくのが遅れる。

　もちろん、いじめはあってはならないし、教師はそれに気づいたらすぐに解決に向けて動く必要はある。しかし、近年、言われているのは、あまり強く、「いじめはあってはならない」と考えるのではなく、いじめがあるのは当然だという前提で考えることだ。あまりにいじめはないとみなそうとすると、実際に起こったときに、児童生徒も、いじめの存在を隠そうとするし、学校側もそれを隠すことになる。

　だから、「いじめをしてはいけません」「いじめは悪いことです」と強

く児童生徒に訴えるのではなく、ふだんから、「いじめはあちこちに起こってしまうことなので、見かけたらすぐに先生に知らせよう」と教えるべきで、そうしてこそ、いじめのない学校にすることができると考えられるようになっている。

④ 生涯学習

　もうひとつ、近年の教育の世界で語られているのが、**生涯学習**だ。

　生涯学習とはいったん社会に出ても、自由な意志で、それぞれにあった方法で生涯にわたって学ぶことを言う。これまでは小中学校の義務教育を終えて、やっとの思いで高校や大学まで進学した以上、社会人になって、もう一度勉強をしに学校に行こうなどと思う人は少数であった。しかしここ最近は生涯学習という考え方が広まりつつある。

　勤務や生活時間の合い間を利用してビジネスの技術を学びに経営大学院に行く、英会話やコンピュータ技術を学びに学校へ行く、また歴史や文学など、興味を持った分野を学ぶ。こうした傾向が増えてきた。

　この原因はいくつか考えられる。まずは社会環境が大きく変わり、英語やコンピュータなど、ビジネスを進めるにあたって新しい知識が必要になってきたことがあげられる。また定年まで同じ会社に勤められるという保証もなくなりつつあり、再就職のための教育が必要になってきたという要因もある。

　さらに少子化の流れの中で、社会人からの受講料を当てにしないと、大学側の収益自体が上がらないという、現実的な事情もある。

　また高齢者福祉の問題として考えるなら、新たな生きがいとしての学びの場をさらに拡充していくことが求められる。

❷日本文化

① 集団主義

●集団主義とは

　日本は集団主義的な傾向が強いといわれている。近年、集団主義的な傾向は薄れた面もあるだろうが、集団主義というあり方を核にして日本社会をみると、様々な特徴が見えてくるのは間違いがない。

　集団主義とは、個人の利益よりも自分の属する集団の秩序を優先する考え方のことを言う。つまり個人よりも集団、自分の主張より他人との協調をよいこととする考え方のことだ。

　一方、欧米は集団主義に対して個人主義だとよく言われる。つまり集団よりも個人、他人との協調よりも自分の主張を重視するという考え方だ。これは日本の集団主義とまったく逆になる。だから日本人がみんな同じような服を着て、同じような趣味を持ち、同じような態度をとる光景を見て、西洋の人々は奇妙に思ったり、驚いたりする。

●集団主義の長所

　この集団主義という考え方は、日本文化の特徴を的確に示しているといえるだろう。そしてそのために、集団主義が日本の進むべき道を考える上でよく問題となる。

　和を大切にするという集団主義の特徴はよいことだと言われる場合がある。**欧米の個人主義は、自己主張ばかりで強引に物事を進めてしまうことがあり、他人を配慮しないこともある。**そこで日本では集団の和を大切にし、みんなの意見を尊重する集団主義の考え方が大事にされてきた。

　また**経済発展のように目標がはっきりとある場合には、集団主義が効果を発揮する。**個人主義だとみんなが同じ目標を共有することは難しい。

しかし集団主義の場合、個人の力では達成できない大事業も、集団の力で目標を達成し乗り越えることができる。戦後は特に、欧米に経済的に追いつくことが重要だったため、欧米のよいところをみんなで一斉に研究し、まねしてきた。このおかげで日本は急速な経済発展を成し遂げたと言われている。

●集団主義の問題点

今日では集団主義が日本の経済発展を考える上で妨げになっているという考え方もある。最近の日本は、十分に経済的に豊かになり、単に欧米のまねをして欧米に追いつけばよいというものではなくなった。そのかわり、**個人のアイディアや意見が大きな価値を生む社会になってきた。**たとえば日本製のアニメやゲームソフトが海外に輸出され、人気になっている。こうしたものを生み出すには、みんなが同じことを考えるのではなく、個々人の発想がどれだけ違うかが重要になってくる。これは集団主義の考え方とはまったく逆で、個人主義でなくてはならない。

日本には江戸時代から村八分という考え方があった。村八分とは村の中で集団の掟に反する行動のあった人（家）が、村のメンバーから無視されることを言う。「出る杭は打たれる」という諺も似たようなことを意味している。

つまり**日本では一人だけ目立つことはよいこととされなかった。**これはいじめの問題にもつながってくる。いじめは個人を集団から排除することだ。みんなが一人の人間を無視したり、寄ってたかってその人間に暴力を振るったりする。そしてその人間を排除することで集団の秩序が保たれる。これは個人よりも集団を重視する集団主義の考え方である。

集団主義の考え方は、日本文化を考えるためのキーワードになるのでしっかりと理解しておこう。

② 罪の文化と恥の文化

　これまで日本文化の特徴を多くの研究者が分析してきた。その中でも特に有名なものを紹介しておこう。アメリカ人の文化人類学者ルース・ベネディクトは「罪の文化と恥の文化」という考え方を示した。

　この考え方は、欧米人と日本人の行動基準の違いをあらわしたものだ。罪の文化とは欧米人の文化のことで、彼らの信仰するキリスト教には唯一神がいるため、物事の良い悪いは神の意志に背いたかどうかで決まるという。**神の意志に背いたときに罪の意識を感じる**という。

　一方、日本人は唯一の神を持たなかったため、行動基準は集団の評価によって決まるという。つまり**集団から厳しい評価を受けたときに、恥をかいたと感じる**。だから日本人は他人の目を気にして生きているという。

　「旅の恥はかき捨て」という諺がある。知っている人がいる場所では他人の目が気になってできないようなことも、旅先なら誰も自分のことを知らないのだから大丈夫ということだ。まさにこの考え方が「恥の文化」だ。

　今日ではあまりに単純に分類しすぎているといって批判されてはいるが、有名な日本文化論なので知っておいたほうがよい。

❸ メディアの問題

① インターネットの匿名性と個人情報

●インターネットの問題点

　一時期に比べ、インターネット関連の課題は減ったものの、形を変えて毎年出題されている。SNS、ヴァーチャルリアリティ、インターネット、IT革命と出題のパターンは様々だが、どれも情報化する社会と人間との関係が問われている。中でも特に最近話題になるのは、**インター**

ネットの匿名性の問題点だ。

　そもそもインターネットとは電話回線や光ファイバーなどを使ってコンピュータ同士をつなげたネットワークのことだ。しかもこのネットワークが世界中につながっていることが大きな特徴だ。

●インターネットのプラス面

　インターネットのおかげで調べものがしやすくなった。これまで図書館に行かなくては検索できなかった書物の検索が、家のコンピュータで可能になった。またこれまで外国で出版された書物は、日本では手に入りにくかったが、これも今日では家のコンピュータ上で購入でき、はるばる海外から送ってもらえるようになった。

　そして、遠くにいる友達、顔も知らない友達、時には国籍の異なる友達とも、簡単に交流できるようになった。自分の行動について多くの人に報告したり、それを通して交流したりできるようになった。

　インターネットに接続しているということは、言ってみれば、テレビ局と新聞社を一人で持っているようなもので、周囲の出来事やら自分の意見やらを全世界に向けて発信することができる。

　これらは**情報やモノのやり取りの速度が急速に速まり、コミュニケーションが以前に比べて活発**になったことを示している。

●インターネットの危険性

　一方、インターネットの普及が新たな社会問題を生み出している。**インターネットの重要な特徴は匿名性にある**。つまりホームページを作った人の名前や住所はどこにも書かれていないし、インターネット上の掲示板に書き込まれた文章は、自分が明かさないかぎり誰が書いたのかわからないようになっている。

　匿名性とは名前がわからないということだ。インターネットの世界で

は、誰が書いたかわからない文章でも、世界中の人が読めてしまう。

　このようにインターネットの世界が匿名的であることによって、名前を隠さなければできないような不正が次々と行われている。犯罪を起こす仲間を募ったり、殺人予告を行ったり、自殺仲間を募集したり、違法薬物の売買が行われたりもなされている。

　また、インターネットによる非難・中傷も大きな問題だ。タレントのちょっとした失言などが話題になると、多くの人が匿名で非難・中傷をする。攻撃された人が自殺して大きな問題になったことも何度かある。攻撃されるのがタレントとも限らない。素人のちょっとした行動に対して、言葉の暴力を浴びせかけるといったことがしばしば起こっている。これもインターネットが匿名で発信されるがゆえの問題だろう。

　もう一つ、フェイクニュースの問題も起こっている。フェイクニュースとは、偽の情報のことを言う。意図的だったり、意図的でなかったりするが、事実とは異なる情報が流される。敵対する勢力が政治家の嘘のスキャンダルを流して失脚を狙うこともある。あるいは逆に、自分たちに都合の良い出来事をでっちあげることもある。世の中にはどんな情報でもそれを真実と信じる人が出てくる。こうなると、何が真実なのかわからなくなって、社会が混乱してしまう。

　何らかの対策を考えないと、ますます社会は混乱が起こることになりかねない。

●インターネット規制についての議論

　これらの問題が起こると、インターネットそのものが非難される。インターネットが犯罪を助けたと言われ、しっかりと規制をしなくてはならないと非難される。

　しかし、この傾向に反論する人々もいる。インターネットをいくら規制しても、前述の犯罪は減ることはない。インターネットを使って自殺

者仲間を募ったとしても、それが目立ってマスメディアに取り上げられるだけで、インターネットが自殺者を増加させたという事実はない。それよりも毎年三万人もいる自殺者を食い止めるほうが先決だという議論だ。確かにこの議論には説得力がある。インターネット関連のテーマでは、こうした意見をも考慮すべきだ。

●個人情報の悪用

一方で、**個人情報が悪用されるという問題も出てきている**。今では国民の多くがスマートフォンやパソコンを持ち、Instagramなどの SNS を利用している。不用意に自分の情報を世間に流してしまって、暴力や盗難の被害にあうといった事件も後を絶たない。

あるいは、企業からの情報漏洩もしばしば起こっている。企業は責任をもって個人情報を管理することが義務付けられているが、ときに外部からの侵入にあって漏れてしまうことがある。

もう一つ、大きな問題として、**GAFA による情報独占という問題**が挙げられている。

多くの人が、GAFA と無縁ではないだろう。GAFA とは Google、Apple、Facebook、Amazon の４つの世界的巨大企業を指して言う言葉だが、多くの人が Google で検索をし、Apple で様々なソフトやアプリを購入し、Facebook で友達と交流し、Amazon で買い物をしている。もちろん、便利なので利用する。

ところが、そうしているうち、**その人の個人情報は GAFA をはじめとする IT 企業にすべて把握されている**。私が何を買っているか、だれと友達か、何に関心があるか、どんな行動をとったのか、どこに行ったのかといった行動や心の中まで見透かされてしまっている。

そのため、私が頼んでもいないのに、私が買いたいと思っているものの広告がメールで送られてくる。私が知りたいと思っている情報が入っ

てくる。いつの間にか、巨大 IT 企業に操られて生きている。

　このような状況はきわめて危険な要素を含んでいることを認識しておく必要がある。

②　報道の倫理

●ニュースの公平・中立性

　最近はインターネットだけでなく、国際情勢の変化から新聞やテレビの報道が問題になることも多い。

　ニュースは公平で中立の立場から報道されると、私たちは思い込んでいる。しかしそんなことはない。アメリカとイラクの戦争を例にとってみても、ほとんどの報道映像や写真はアメリカ軍が撮ってよいといった場所しか映っていない。軍事作戦上の機密事項が敵に知られては困るからだ。だからアメリカ軍の都合のいい場所だけが映される。

　逆にイラクの立場から報道されたものは日本ではほとんど見ることができない。よく考えると、命の重みは同じなのにもかかわらず、与えられた情報が一方的なものなので、無意識的にアメリカ側に立って物事を判断している。このように、報道する者の立場によって同じ事実でも意味が違ってくる。

●正しい報道のための対策

　こうした問題があるためいくつかの対策がとられつつある。まず、最近ではインターネットを使った、個人や NGO が組織するテレビ局やラジオ局ができ、市民が自発的に情報を発信しつつある。また学校教育では、メディアリテラシーといって、マスメディアの情報をうのみにせず、自分の頭で考え、真偽を判断するための教育が必要だという声が高まってきている。このように**マスメディアの情報を比較・検討する動きがある**。

❹ 国際社会の問題

① グローバル化

●グローバル化とは

　グローバル化とは、人、モノ、情報が国境を超えて、世界中が一つに
つながることを言う。ある製品を作るために、ほかの国から原料を輸入
し、工場も外国に作り、労働者も様々な国の人を雇って、世界を相手に
それを売る。一つの国の中で産業が成り立っているのではなく、外国と
つながって経済が成り立っている。

　中東で何かが起こると世界経済は影響を受ける。株価が世界のどこか
で下がると、日本も影響を受ける。グローバル化した今では、世界中が
一つになって経済競争をしている。日本に中国で作られた安い商品が輸
入される。日本の製品もそれと競争しなければならない。世界中が経済
競争を始めている。

　文化の面においても、影響を受けている。

　世界中の人が世界の各地で暮らすようになり、アメリカなどの超大国
の価値観や生活様式が地球全体の価値観や生活様式を覆い尽くしてい
る。たとえば、アメリカの映画が見られ、ファーストフードが食べられ
るようになっている。そして、どこの国の人々も同じような食べ物を好
み、同じような生活をする。つまり価値観の画一化が起こっていると言
われている。

●グローバル化についての議論

　グローバル化がうまく進んでいけば、それはそれで様々な問題がある
が、ともあれ世界中が同じ価値観を共有できれば、世界の交流がそれな
りにうまくいくことになるかもしれない。しかし、価値観の入り混じり
や画一化がすんなりとその地域の人間に浸透するわけではない。

国籍や母語や宗教の異なる人が同じ場所で生活すると多くの場合衝突が起こる。また、グローバルな考えが広まったとしても、昔ながらのその土地の考えにこだわる人も大勢いる。その結果、**グローバルな価値観と、その地域固有の価値観との間で衝突が起こりやすくなる。**

現在、世界各地でテロ事件が起こっている。特にイスラム過激派がユダヤ教徒・キリスト教徒に対して攻撃する事例が多発している。これもまた、イスラム教の考えだけが正しいと考える人が、別の考えを持つ人を攻撃しているといえるだろう。このようなこともグローバル化していない世界では起こらなかっただろう。グローバル化して、多様な人が隣り合って暮らすようになってきたために起こっている。

そのため、近年になってグローバル化に反対する動きが出てきている。アメリカのトランプ前大統領は「アメリカ・ファースト」を掲げたが、そこで支持を得たのは、反グローバリズムだった。「グローバル化のためにアメリカ国内に海外から安い商品が入り、アメリカに多くの外国企業の工場や外国人労働者が入ってきて、国内の労働者の雇用を奪っている。そのような人たちを追い出して、本来のアメリカ人中心の国に戻すべきだ」という主張だった。

こうしたアメリカの動きは、グローバル化の行き過ぎのための反動ととらえることができるだろう。

これから先もグローバル化の進展は妨げられないだろうが、このような反グローバリズムの動きのために、ゆっくりした歩みになる可能性が高そうだ。

では次にグローバル化と密接な関係がある南北問題を考えてみよう。

② 南北問題

●南北問題とは

東南アジアやラテンアメリカ、そしてアフリカといった地域には、明

日の食べ物さえ手に入らない人々が住む国が多く存在している。裕福な
ヨーロッパやアメリカ合衆国などの先進国が地球の北側にあるのに対し
て、これらの地域は南側にある。分布が偏っているため、**この極端な経
済格差とそれによって生じる様々な問題を南北問題と呼ぶ。**

　こうした南側の地域では、単に貧しいだけでなく、人口爆発や森林破
壊も起こり、また都市のスラム化も問題となっている。これら一連の事
柄が密接にかかわりあった問題が南北問題なのだ。

●途上国の状況

　彼らは労働力として子どもをたくさん産む。昔は疫病などで、たくさ
ん生んでも死んでいく子どもが多かったが、医学の発達によって、子ど
もの死亡率が低下した。そのため人口が急激にふえていく。すると人間
が多くなっても食べ物は少ないために、飢えに苦しむことになる。そこ
で多くの人間が食べていくために、森を切り開き、たくさんの作物を作
るようになる。先進諸国による森林伐採もあるが、このことが森林破壊
が進む一つの原因でもある。そして今度は広がった田畑を耕すために、
またさらに労働力が必要になり子どもを多く産むようになる。

　また都市の発達によって、地方の人々が職を求めて都市にやってく
る。しかし都会には職がなく、ホームレスの状態になり、そうした一家
がたくさん集まってスラム街ができる。

　このように**人口爆発と飢え、森林破壊、都市のスラム化は密接に関係
しあっている。**

●南北問題の背景

　では南側の人々だけがなぜ貧しい生活をするようになったのか。それ
は、彼らが働かず、努力しないからではない。北側の人々に大きな責任
があるのだ。

　貧しい南側の国々は、昔は北側の植民地だった。その当時は北側の国々の政策で単一種類の作物しか作れなかった。一つの作物を一つの国が作って、その収穫物を北側へ運んでいた。この当時から南側の人々は奴隷としてさまざまな地域に送られたり、また教育を受けることもできず、北側の国々にとって必要な作物を作らされていたのだ。

　植民地から独立してからも、単一の作物しか作れない南側の国の人々は、経済発展をすることができず、今日に至っている。

　また北側の豊かな国の企業が、南側の貧しい地域の人間を、安い賃金で労働させるという事態も起こっている。北側の自分たちの国の労働者を使うと南側の労働者より高い賃金を払わなくてはいけないため、出来上がる製品の値段も高くなる。だから**製品の値段を安くするために、南側の国に工場を作り、そこの労働者を雇うのだ。**

　この構造だといつまでたっても、南側の人々は裕福にならず、もうかるのはいつも北側の企業なのだ。

●希薄な国家意識

　また特にアフリカでは部族の対立、アジアでは宗教の対立が盛んになり、国としてのまとまりがいまだに確立していないという問題がある。たとえば、1994年のルワンダの内戦（ツチ族とフツ族）やパキスタンとインドの国境地帯で起こる紛争（イスラム教とヒンズー教）など、貧しい地域ではこのような紛争が絶えない。

　彼らは**国家への帰属意識よりも、部族や宗教への帰属意識のほうが強**い。もともと部族や宗教に属していたところに、第二次大戦後、植民地から独立して統一国家が作られたのだから無理もないだろう。これも南側の経済発展を遅らせている一つの要因だ。

●南北問題解決のために

近年、グローバル化が進んだために南北問題に新たな動きが生じている。それは**移民の増加**だ。

南の国はいつまでも貧しい。しかも、政治がうまく機能せずに政情が不安定だ。テロがあちこちで頻発している。シリアなどでは内戦も起こっている。中東やアフリカでは、イスラム過激派が力を伸ばして、過激なイスラム教を強制している地域も多い。産業もない。仕事もない。そこで多くの人が平和と仕事を求めて先進国に押し寄せている。

ヨーロッパの国々は、労働者不足を補うために、中東やアフリカなどからの移民を受け入れていたが、あまりに多くの人々が押し寄せるために制限を強め、移民を受け入れない方向に転じている。だがすでに、西欧の国々には多くの移民が暮らしている。その人たちの多くは元からその土地に暮らす人々と平和に生活しているが、**しばしば差別や移民排斥運動や文化衝突が起こる**。ヨーロッパで暮らした人々が差別に不満を抱いて、過激なイスラム教に傾倒してテロリストになるといったことも起こっている。

これから先もたびたび移民が欧米での大きな問題になるだろう。

この南北問題を解決し、移民を食い止め、貧しい国を豊かにするには、北側の国々の援助が必要になる。ただし、お金だけを南側の人々に渡せばいいというのではなく、医療や教育などを含む福祉などの面での人間同士の交流が重要になってくる。たとえば、ボランティアで学校を建設するのも重要だが、単に建物を建てて終わりではなく、その場所で継続的に教育が行われているかどうかといったことも含めた教育の支援が必要となる。

❺ 参考図書

●推薦図書

宮子あずさ『看護師という生き方』（ちくまプリマー新書）

　具体的な体験談が多く、読みやすい。笑えるようなエピソードもたくさんある。そして、読み進むうちに、看護師という生き方、その意義がわかってくる。

川嶋みどり『看護の力』（岩波新書）

　看護という仕事の意義、看護師の役割について真正面から考察した本。これ一冊で、看護の意味について明確に理解できる。

蟹江憲史『SDGs（持続可能な開発目標）』（中公新書）

　SDGsの17の目標を複合的にとらえて、持続的な世界にするための指針を解説している。これ一冊読めば、SDGsの取り組みの全容を理解できる。

秦辰也『ボランティアの考え方』岩波ジュニア新書

　古い本（1996年刊）だが、今でもこの本に書かれるボランティアの考え方は現在に通じる。ボランティアをする人たちはどのような意識で、どのように活動しているのかを説明している。具体的なことが多いので、わかりやすい。

樋口 裕一（ひぐち ゆういち）

1951年大分県に生まれる。早稲田大学第一文学部卒。立教大学大学院研究科後期課程満期退学。作家、多摩大学名誉教授。小論文・作文専門指導の「白藍塾」塾長。入試小論文指導の第一人者で“小論文の神様”と呼ばれる。教育活動の傍ら、幅広い年齢層に向け、文章の書き方、話し方、思考法、教育、音楽など、多岐にわたるテーマの書を執筆。主な著書に、250万部突破の大ベストセラー『頭がいい人、悪い人の話し方』（PHP新書）、『ホンモノの文章力』（集英社新書）がある。大学入試参考書では、本書を含む「まるまる使える」シリーズ（桐原書店）、「読むだけ小論文」シリーズ（学研）、「小論文これだけ！」シリーズ（東洋経済新報社）などがある。

〈白藍塾問い合わせ先・資料請求先〉
〒161-0033 東京都新宿区下落合1-5-18-208　白藍塾資料請求係
https://hakuranjuku.co.jp　☎0120-890-195（受付時間平日8:30〜17:00）

まるまる使える
医療看護福祉系小論文［三訂版］

2003年9月30日　初　版第1刷発行
2009年2月1日　初　版第13刷発行
2009年7月1日　改訂版第1刷発行
2019年2月10日　改訂版第14刷発行
2021年7月10日　三訂版第1刷発行

著　者	樋口 裕一
発行人	門間 正哉
発行所	株式会社 桐原書店
	〒160-0023　東京都新宿区西新宿4-15-3
	住友不動産西新宿ビル3号館
	TEL：03-5302-7010（販売）
	www.kirihara.co.jp
装丁・本文レイアウト	駒田 康高（デジタル・スペース）
イラスト	荒井 佐和子
印刷・製本所	図書印刷株式会社